老科学家学术成长资料采集工程
中国科学院院士传记丛书

远望情怀
许学彦传

张毅 等◎著

1924年 生于江苏常州
1948年 毕业于上海交通大学
1951年 到中央重工业部上海船舶工业局技术处工作
1963年 被国防部授予少校军衔
1973年 任黑龙江边防巡逻艇总设计师
1978年 获国防科技先进工作者称号
1993年 当选为中国科学院学部委员

老科学家学术成长资料采集工程
中国科学院院士传记丛书

远望情怀

许学彦传

张毅 等◎著

中国科学技术出版社
上海交通大学出版社

图书在版编目（CIP）数据

远望情怀：许学彦传／张毅，等著．—北京：中国科学技术出版社，2014.1

（老科学家学术成长资料采集工程　中国科学院院士传记丛书）

ISBN 978-7-5046-6477-8

Ⅰ．①远… Ⅱ．①张… Ⅲ．①许学彦－传记 Ⅳ．① K826.16

中国版本图书馆 CIP 数据核字（2013）第 283986 号

出 版 人	苏　青　韩建民
责任编辑	李惠兴
责任校对	赵丽英
责任印制	张建农　马宇晨
版式设计	中文天地

出　　版	中国科学技术出版社　上海交通大学出版社
发　　行	科学普及出版社发行部
地　　址	北京市海淀区中关村南大街16号
邮　　编	100081
发行电话	010-62173865
传　　真	010-62179148
网　　址	http://www.cspbooks.com.cn

开　　本	787mm×1092mm　1/16
字　　数	195千字
印　　张	13
彩　　插	2
版　　次	2014年1月第1版
印　　次	2014年1月第1次印刷
印　　刷	北京华联印刷有限公司
书　　号	ISBN 978-7-5046-6477-8 / K·139
定　　价	45.00元

老科学家学术成长资料采集工程
领导小组专家委员会

老科学家学术成长资料采集工程
丛书组织机构

老科学家学术成长资料采集工程简介

老科学家学术成长资料采集工程（以下简称“采集工程”）是根据国务院领导同志的指示精神，由国家科教领导小组于2010年正式启动，中国科协牵头，联合中组部、教育部、科技部、工信部、财政部、文化部、国资委、解放军总政治部、中国科学院、中国工程院、国家自然科学基金委员会等11部委共同实施的一项抢救性工程，旨在通过实物采集、口述访谈、录音录像等方法，把反映老科学家学术成长历程的关键事件、重要节点、师承关系等各方面的资料保存下来，为深入研究科技人才成长规律，宣传优秀科技人物提供第一手资料和原始素材。按照国务院批准的《老科学家学术成长资料采集工程实施方案》，采集工程一期拟完成300位老科学家学术成长资料的采集工作。

采集工程是一项开创性工作。为确保采集工作规范科学，启动之初即成立了由中国科协主要领导任组长、12个部委分管领导任成员的领导小组，负责采集工程的宏观指导和重要政策措施制定，同时成立领导小组专家委员会负责采集原则确定、采集名单审定和学术咨询，委托中国科学技术史学会承担具体组织和业务指导工作，建立专门的馆藏基地确保采集资料的永久性收藏和提供使用，并研究制定了《采集工作流程》、《采集工作规范》等一系列基础文件，作为采集人员的工作指南。截至2012年底，已启动247位老科学家的学术成长资料采集工作，获得手稿、书信等实物原件资料21496件，数字化资料72310件，视频资料96582分钟，音频资料104289分钟，具有重要的史料价值。

采集工程的成果目前主要有三种体现形式，一是建设一套系统的“老科学家学术成长资料数据库”（本丛书简称“采集工程数据库”），提供学术研究和弘扬科学精神、宣传科学家之用；二是编辑制作科学家专题资料片系列，以视频形式播出；三是研究撰写客观反映老科学家学术成长经历的研究报告，以学术传记的形式，与中国科学院、中国工程院联合出版。随着采集工程的不断拓展和深入，将有更多形式的采集成果问世，为社会公众了解老科学家的感人事迹，探索科技人才成长规律，研究中国科技事业的发展历程提供客观翔实的史料支撑。

总序一

中国科学技术协会主席　韩启德

老科学家是共和国建设的重要参与者，也是新中国科技发展历史的亲历者和见证者，他们的学术成长历程生动反映了近现代中国科技事业与科技教育的进展，本身就是新中国科技发展历史的重要组成部分。针对近年来老科学家相继辞世、学术成长资料大量散失的突出问题，中国科协于2009年向国务院提出抢救老科学家学术成长资料的建议，受到国务院领导同志的高度重视和充分肯定，并明确责成中国科协牵头，联合相关部门共同组织实施。根据国务院批复的《老科学家学术成长资料采集工程实施方案》，中国科协联合中组部、教育部、科技部、工业和信息化部、财政部、文化部、国资委、解放军总政治部、中国科学院、中国工程院、国家自然科学基金委员会等11部委共同组成领导小组，从2010年开始组织实施老科学家学术成长资料采集工程。

老科学家学术成长资料采集是一项系统工程，通过文献与口述资料的搜集和整理、录音录像、实物采集等形式，把反映老科学家求学历程、师承关系、科研活动、学术成就等学术成长中关键节点和重要事件的口述资料、实物资料和音像资料完整系统地保存下来，对于充实新中国科技发展的历史文献，理清我国科技界学术传承脉络，探索我国科技发展规律和科技人才成长规律，弘扬我国科技工作者求真务实、无私奉献的精神，在全社会营造爱科学、学科学、用科学的良好氛围，是一件很有意义的事情。采集工程把重点放在年龄在80岁以上、学术成长经历丰富的两院院士，以及虽然不是两院院士、但在我国科技事业发展中作出突出贡献的老科技工作者，充分体现了党和国家对老科学家的关心和爱护。

自2010年启动实施以来，采集工程以对历史负责、对国家负责、对科技事业负责的精神，开展了一系列工作，获得大量反映老科学家学术成长历程的文字资料、实物资料和音视频资料，其中有一些资料具有很高的史料价值和学术价值，弥足珍贵。

以传记丛书的形式把采集工程的成果展现给社会公众，是采集工程的目标之一，也是社会各界的共同期待。在我看来，这些传记丛书大都是在充分挖掘档案和书信等各种文献资料、与口述访谈相互印证校核、严密考证的基础之上形成的，内中还有许多很有价值的照片、手稿影印件等珍贵图片，基本做到了图文并茂，语言生动，既体现了历史的鲜活，又立体化地刻画了人物，较好地实现了真实性、专业性、可读性的有机统一。通过这套传记丛书，学者能够获得更加丰富扎实的文献依据，公众能够更加系统深入地了解老一辈科学家的成就、贡献、经历和品格，青少年可以更真实地了解科学家、了解科技活动，进而充分激发对科学家职业的浓厚兴趣。

借此机会，向所有接受采集的老科学家及其亲属朋友，向参与采集工程的工作人员和单位，表示衷心感谢。真诚希望这套丛书能够得到学术界的认可和读者的喜爱，希望采集工程能够得到更广泛的关注和支持。我期待并相信，随着时间的流逝，采集工程的成果将以更加丰富多样的形式呈现给社会公众，采集工程的意义也将越来越彰显于天下。

是为序。

总序二

中国科学院院长　白春礼

由国家科教领导小组直接启动，中国科学技术协会和中国科学院等12个部门和单位共同组织实施的老科学家学术成长资料采集工程，是国务院交办的一项重要任务，也是中国科技界的一件大事。值此采集工程传记丛书出版之际，我向采集工程的顺利实施表示热烈祝贺，向参与采集工程的老科学家和工作人员表示衷心感谢！

按照国务院批准实施的《老科学家学术成长资料采集工程实施方案》，开展这一工作的主要目的就是要通过录音录像、实物采集等多种方式，把反映老科学家学术成长历史的重要资料保存下来，丰富新中国科技发展的历史资料，推动形成新中国的学术传统，激发科技工作者的创新热情和创造活力，在全社会营造爱科学、学科学、用科学的良好氛围。通过实施采集工程，系统搜集、整理反映这些老科学家学术成长历程的关键事件、重要节点、学术传承关系等的各类文献、实物和音视频资料，并结合不同时期的社会发展和国际相关学科领域的发展背景加以梳理和研究，不仅有利于深入了解新中国科学发展的进程特别是老科学家所在学科的发展脉络，而且有利于发现老科学家成长成才中的关键人物、关键事件、关键因素，探索和把握高层次人才培养规律和创新人才成长规律，更有利于理清我国科技界学术传承脉络，深入了解我国科学传统的形成过程，在全社会范围内宣传弘扬老科学家的科学思想、卓越贡献和高尚品质，推动社会主义科学文化和创新文化建设。从这个意义上说，采集工程不仅是一项文化工程，更是一项严肃认真的学术建设工作。

中国科学院是科技事业的国家队，也是凝聚和团结广大院士的大家庭。早在 1955 年，中国科学院选举产生了第一批学部委员，1993 年国务院决定中国科学院学部委员改称中国科学院院士。半个多世纪以来，从学部委员到院士，经历了一个艰难的制度化进程，在我国科学事业发展史上书写了浓墨重彩的一笔。在目前已接受采集的老科学家中，有很大一部分即是上个世纪 80、90 年代当选的中国科学院学部委员、院士，其中既有学科领域的奠基人和开拓者，也有作出过重大科学成就的著名科学家，更有毕生在专门学科领域默默耕耘的一流学者。作为声誉卓著的学术带头人，他们以发展科技、服务国家、造福人民为己任，求真务实、开拓创新，为我国经济建设、社会发展、科技进步和国家安全作出了重要贡献；作为杰出的科学教育家，他们着力培养、大力提携青年人才，在弘扬科学精神、倡树科学理念方面书写了可歌可泣的光辉篇章。他们的学术成就和成长经历既是新中国科技发展的一个缩影，也是国家和社会的宝贵财富。通过采集工程为老科学家树碑立传，不仅对老科学家们的成就和贡献是一份肯定和安慰，也使我们多年的夙愿得偿！

鲁迅说过，“跨过那站着的前人”。过去的辉煌历史是老一辈科学家铸就的，新的历史篇章需要我们来谱写。衷心希望广大科技工作者能够通过“采集工程”的这套老科学家传记丛书和院士丛书等类似著作，深入具体地了解和学习老一辈科学家学术成长历程中的感人事迹和优秀品质；继承和弘扬老一辈科学家求真务实、勇于创新的科学精神，不畏艰险、勇攀高峰的探索精神，团结协作、淡泊名利的团队精神，报效祖国、服务社会的奉献精神，在推动科技发展和创新型国家建设的广阔道路上取得更辉煌的成绩。

总序三

中国工程院院长　周　济

由中国科协联合相关部门共同组织实施的老科学家学术成长资料采集工程，是一项经国务院批准开展的弘扬老一辈科技专家崇高精神、加强科学道德建设的重要工作，也是我国科技界的共同责任。中国工程院作为采集工程领导小组的成员单位，能够直接参与此项工作，深感责任重大、意义非凡。

在新的历史时期，科学技术作为第一生产力，已经日益成为经济社会发展的主要驱动力。科技工作者作为先进生产力的开拓者和先进文化的传播者，在推动科学技术进步和科技事业发展方面发挥着关键的决定的作用。

新中国成立以来，特别是改革开放30多年来，我们国家的工程科技取得了伟大的历史性成就，为祖国的现代化事业作出了巨大的历史性贡献。两弹一星、三峡工程、高速铁路、载人航天、杂交水稻、载人深潜、超级计算机……一项项重大工程为社会主义事业的蓬勃发展和祖国富强书写了浓墨重彩的篇章。

这些伟大的重大工程成就，凝聚和倾注了以钱学森、朱光亚、周光召、侯祥麟、袁隆平等为代表的一代又一代科技专家们的心血和智慧。他们克服重重困难，攻克无数技术难关，潜心开展科技研究，致力推动创新发展，为实现我国工程科技水平大幅提升和国家综合实力显著增强作出了杰出贡献。他们热爱祖国，忠于人民，自觉把个人事业融入到国家建设大局之中，为实现国家富强而不断奋斗；他们求真务实，勇于创新，用科技为中华民族的伟大复兴铸就了辉煌；他们治学严谨，鞠躬尽瘁，具有崇高的科学精神和科学道德，是我们后代学习的楷模。科学家们的一生是一本珍贵的教科书，他们坚定的理想信念和淡泊名利的崇高品格是中华民族自强不息精神的宝贵财富，永远值得后人铭记和敬仰。

通过实施采集工程，把反映老科学家学术成长经历的重要文字资料、实物资料和音像资料保存下来，把他们卓越的技术成就和可贵的精神品质记录下来，并编辑出版他们的学术传记，对于进一步宣传他们为我国科技发展和民族进步作出的不朽功勋，引导青年科技工作者学习继承他们的可贵精神和优秀品质，不断攀登世界科技高峰，推动在全社会弘扬科学精神，营造爱科学、讲科学、学科学、用科学的良好氛围，无疑有着十分重要的意义。

中国工程院是我国工程科技界的最高荣誉性、咨询性学术机构，集中了一大批成就卓著、德高望重的老科技专家。以各种形式把他们的学术成长经历留存下来，为后人提供启迪，为社会提供借鉴，为共和国的科技发展留下一份珍贵资料。这是我们的愿望和责任，也是科技界和全社会的共同期待。

周济

许学彦

许学彦学术资料采集小组成立，七〇八所所长邢文华（左三）、
许学彦院士（左四）、组长管伟元（左二）在会上发言
（2011 年赵吉庆摄）

许学彦学术资料采集小组成员项凌燕在采访许院士
（2011 年赵吉庆摄）

序

得知国务院批准，中国科协为加强老科学家学术成长史研究，提出老科学家学术成长资料采集工程，我从内心感到欣慰和不安。欣慰的是：国家拨出专款，国家有关部委领导参加成立老科学家学术成长资料采集工程领导小组，这在新中国成立以来还是第一次，它体现了党和国家对科技工作的重视。老科学家是共和国科技发展的活档案，他们的学术成长历史本身就是新中国科技发展史的重要组成部分。总结宣传以钱学森为代表的老科学家学术成长道路，对弘扬我国科技工作者求真务实、无私奉献的精神，推动形成新中国的学术传统，营造有利于创新的社会主义文化氛围，激励广大科技工作者为建设创新型国家，实现中华民族伟大复兴具有十分重要的意义。我热情支持并协助单位把这件事做好。不安的是：我本人没什么好写的。大学毕业后，经我国著名造船学家、教育家、我交大的老师——辛一心的介绍，来到当时的中央重工业部上海船舶工业局，从事船舶研究设计工作，一干就是几十年。几十年来，我参与研究设计的舰船有五十余型，其中航天测量船远望号和远洋科学调查船向阳红 10 号分别荣获国家科技进步奖特等奖，0111 高速护卫艇荣获国家新产品研制一等奖，远洋打捞救生船荣获国家科技进步奖一等奖，东风号万吨轮荣获全国科技大会奖。这些成绩的取得，我做了一些工作，但更重要的是集体成果，是广大科技人员共同努力的结果，所以荣誉不应都记在我个人身上，这样我会不安的。

开始我不同意写我，感到没什么好写的，采访组同志再三向我说明国家如何重视，既然作为一项工作任务布置下来，就不能因为我而影响工作。我也就只好配合采访组同志认真回忆自己几十年所走过的路程。我这个人不善于语言表达，只知道一个产品一个产品地做，很少写文章。有时根据上级有关部门和报社记者的要求也写过几篇心得体会，但都是就事论事，对我个人学术成长历程从来没有系统地总结过。借此机会，把我学术成长的经历整理出来，奉献给大家，希望能对今天的青年同志学习、工作、科学研究有所启迪。曾经有一位大学生问我："你在船舶科学战线奋斗五十多年，有什么经验？我说没什么经验，我这一辈子就是老老实实干工程，无论任何事情，只要国家需要，组织和领导让我做，我就会尽职尽责，努力把事做好。"

我经历了新中国船舶工业和海军装备的发展变化，看到我国自行研究设计建造的舰船航行在大海上，守卫着祖国的海疆，我从内心感到兴奋，我衷心祝愿我们国家更加富强、祝愿我国船舶工业更快发展，祝愿我国海军装备进一步现代化。

许学彦

2012年5月28日

目 录

图片目录

导言

中国科学院院士许学彦是我国自行设计建造的远望1号、远望2号航天测量船的总设计师。在几十年的舰船研究生涯里，许学彦牢记国防科技工作者的使命，认真学习先进技术，跟踪世界造船科技水平，攀上了一个又一个舰船设计的高峰。他有句格言："在科学的山峰上，登得越高，眼前展现的景色就越壮阔。"

许学彦1924年5月出生于江苏省常州市武进县郑陆桥镇北夏墅村，1948年上海交通大学毕业。1951年经我国造船科学家、教育家、新中国船舶设计和科学研究机构的创始人之一辛一心教授介绍，到中央重工业部上海船舶工业局技术处设计组工作。历任技术员、工程师、副科长、室副总工程师、室副主任，七〇八研究所副总工程师、副所长、总工程师、科技委主任、技术顾问。曾兼任中国造船工程学会理事、船舶设计委员会主任、上海市造船工程学会学术委员会船舶设计专业组组长、中国舰船研究院技术委员会委员、高级工程师考评委员会委员等。他是上海市1979年第七届党代表，上海市第七届、第八届人大代表。

许学彦是我国自己培养的舰船科研设计专家，是新中国造船工业和舰船科研设计从小到大、从弱到强的参与者和见证人。新中国造船和国防科研事业的发展是他奋力拼搏的动力，艰巨而繁重的研究设计任务给予了他充分施展才华的舞台。他内向、木讷却又倔强的性格使他耐得住寂寞去潜心钻研技术，中国知识分子的特性在他身上有充分的展现，他正直低调，不屑高谈阔论，但在关键技术问题上他却很较真。他一切从实际需要出发，依科学规律办事，并把集体的智慧融入设计之中。

许学彦作为新中国第一代舰船设计专家，他和广大科技工作者发扬爱国奉献、顽强拼搏、团结合作、开拓创新精神，为发展我国舰船事业做出了重要贡献。

许学彦的奋斗历程是新中国舰船科学技术发展的历史缩影。几十年来他主持参与研究设计舰船共有六十余型号。亲手绘制和审定了成千上万份图纸，作为新中国的第一代舰船设计专家，他同他的同仁们创造了多个中国舰船设计史上的第一。中国第一艘长江大型豪华客轮昆仑号、第一艘中国自行设计建造的万吨轮东风号、第一艘大型潜艇救生船，中国海军六七十年代的主力舰艇某高速护卫艇、第一艘航天测量船远望号，中国最

图导－1　1996 年 2 月 8 日上海市委、市政府领导会见 1995 年上海市科技获奖者（许学彦第三排右二，1996 年摄）

大、最先进的科学调查船向阳红10号和中国第一艘远洋打捞船等，先后荣获国家科技进步奖特等奖和一等奖，为发展我国舰船事业做了重大贡献。他曾荣获何梁何利基金科学与技术进步奖，多次荣获上海市先进工作者、上海市劳动模范、全国科技大会先进科技工作者等荣誉称号。

老科学家学术成长资料采集工程启动后，许学彦院士被列为采集对象，中国船舶工业集团公司第七〇八研究所党政领导对此项工作高度重视，由所长挂帅，党委书记负责，成立以所人力资源部为主管，党群工作部、所办公室、档案信息中心等人员参加的采集工作组。在采集组长、人力资源部主任管伟元的组织下，采访小组全体成员热情参与，齐心协力、密切配合，以对国家和历史高度负责的精神，认真按采集工程项目办公室的时间节点要求完成各阶段的采集任务。

采集小组通过访谈、座谈会、信件等多种形式搜集资料，力求全面反映许学彦的学术成长历程。

访谈是资料采集重要形式，每次访谈内容都精心选题、突出重点、事先拟定访谈提纲，交给被采访对象，使其有所准备，提高访谈质量。一年多来，我们采访了武汉理工大学原校长吴秀恒、中国船舶总公司原科技局总工程师程天柱、国防科工委参谋、江南造船厂原副总工程师戴林、上海柴油机厂原总工程师高法宣等二十多人。先后12次请许学彦院士本人讲述自己家庭背景、求学经历、师承关系和学术成长过程。在与其本人多次访谈的基础上，又查阅了他的人事和技术档案、科研报告和产品图纸等资料，收集并阅读了有关报导和书刊，采访了曾和他一起工作过的新老同事，以及许学彦的夫人、女儿和女婿等有关人员。此外，采访小组还赴其出生地江苏武进黄天荡村委会、镇文史馆、江阴南菁中学校史陈列室，上海交通大学档案馆、校史博物馆，尽可能全面、完整地收集许学彦院士有关家庭背景、求学经历、科研设计和学术交流等资料。

许学彦主持参与设计过诸多舰船产品，取得了许多科研设计成果，但由于科研设计任务繁重，论文较少。特别是军工产品的特殊性，对他的先进事迹报道很少，即使报刊上刊登了一些有关他的文章，对其学术成长历程及成果也缺乏翔实的内容，对具体环节和细节也未做专门描述。采集小组对收集到的材料进行了认真的分析整理，努力发掘对他学术成长起到推进和促进作用的关键因素，使我们对许学彦的学术成长历程和取得的成果有了更深的认识。发现许学彦科技成果的取得与其思维方式、科研方法有密切的关系，与他所处的科研设计环境，以及中国社会的变革、经济的发展、国际形势的变化、海军建设和国防需求的大背景密切相关。为此，我们努力把许学彦的学术成长置于中国经济发展、海军建设及世界舰船科技发展的大背景下，进行考察分析，不仅探讨他的家庭对他的影响，还探讨他的求学历程、师承关系、科研设计环境，对许学彦取得的科研设计成果和人生理念进行全面分析，呈现他人生价值观和学术成长历程。

本传记在叙述许学彦的学术成长历程时，运用哲学、社会学、管理学、心理学等理论分析了许学彦的思维特色和设计理念。许学彦说：上海解放后，新中国需要建设海军，需要发展船舶事业，我生逢其时，且在舰船研究部门一直工作至今，所学专业能学以致用。我的思想逐步融入舰船技术之中，适应了舰船研究设计的特殊要求，形成了一些思维特色和设计理念，就是具体问题具体分析，既要发挥群众智慧，又要有总师的正确决断；既要有全局观念、分清主次、统筹兼顾，又要突出重点，抓住主要矛盾；既要注意一般性与特殊性，原则性与灵活性相结合，又要对不同的船舶、工厂、施工建造单位区别对待。船舶研究设计不可能一步到位，要经过方案论证、方案设计、初步设计、技术设计、生产设计等诸多阶段，不断地修改、提高，才能得出一个相对完美的设计。如写文章一样，要多次易稿，才能写出好文章。有了先进的设计理念，才能设计性能优越具有世界先进水平的船舶。

按照老科学家学术成长传记的撰写要求，采集组经过多次讨论，在内容编排上，以新中国船舶与海洋工程的发展历程与许学彦院士在不同阶段的作用与贡献，以及许学彦研究设计的产品的技术特点、在当时国防和国民经济建设中的地位作用及有关背景等进行系统叙述。依照这个思路，本书较为翔实地介绍了影响许学彦学术成长的关键人物辛一心、武彦荣深入挖掘了几个关键点，其一是他选择报考交通大学，学习造船走上造船之路；二是新中国第一个船舶设计机构成立，他即成为该机构的一员，所学专业学以致用；三是随着国民经济的发展，中国船舶工业及我国海军装备的需求，为他施展才能提供了舞台；四是组织上委派他到苏联学习万吨轮设计建造，回国后出任我国第一艘自行设计万吨轮东风号总设计师；五是主持研究设计远望号航天测量船。

本书正文共有六章。

第一章介绍许学彦院士出身于耕读之家，在严父慈母的熏陶教育下，自幼勤奋好学，求学历程艰难曲折，最终选择造船之路。青年时代接触进步思想，参加爱国学生运动，新中国成立初期加入中国共产党。

第二章反映许学彦在船舶设计实践中总结提高，作为新中国第一个船舶设计机构的工程技术人员，在造船业百废待兴之时，他自力更生设计黄浦江渡轮海济号，长江客轮昆仑号和现代船舶"小港客货轮"。在"以军为主转让制造时期"，设计了荣立战功的军用舰艇。

第三章描述他作为我国第一艘万吨级远洋货船的总设计师之一，如何自力更生、艰苦奋斗，为新中国自行设计建造具有里程碑意义的万吨级远洋货轮东风号作出的贡献，该船被评为"中国十大名船"之首。这是许学彦学术成长的一个重要转折点。

第四章记述许学彦随着我国战略核武器和航天技术的发展，接受特殊使命，带领科研设计人员，知难而进、勇攀高峰，开创我国远洋测量船设计之先河，从方案论证到攻克八大技术难关，历经坎坷成功研究设计出获得国家科学技术进步奖特等奖、享有"海上科学城"之称的远望号航天测量船的过程。荣获国家科学技术进步奖一等奖、我国第一艘远洋打捞救生船的过程。这些船在我国造船业、航天技术和海洋事业的发展中所起的重要作用。

第五章反映许学彦心系造船，老骥伏枥，关心船舶出口并破解中国造船走向国际市场过程中出现的技术问题。他主持编写"出口船设计资料"。担任中国和上海造船工程学会船舶设计专业委员会主任，密切关注世界和国内造船技术的发展，在有关船舶科研设计的专业会议和学术刊物上发表论文，阐述国内外船舶科研设计现状与趋势，为繁荣我国的船舶与海洋工程出谋献策，并以自己的亲身经历培育新人，在青少年中开展船舶与海洋知识的科普活动。

第六章述说许学彦专注事业、淡泊名利、为人忠厚、生活简朴的精神品质，家庭生活方面，他与夫人邵廷惠女士相识、相知、相爱、相濡以沫。夫妻言传身教，子女成长成才，尊老爱幼、美满幸福的家庭生活。

通过上述六章内容，传记以翔实准确的史料为依据，多侧面、多角度，力求客观真实地诠释许学彦院士的学术成长历程，反映中国舰船科研和造船工业的发展。希望老科学家的人生经历和精神面貌能够为广大青年提供有益的人生感悟、借鉴和启迪。

第一章
耕读传家　学业有成

素有江南水乡之称的黄天荡[①]，地处江苏武进东北，离常州市20公里。古时，黄天荡是一个烟波浩渺的大湖，境内地势低洼，河网交织，芦苇丛生，大雨大涝，小雨小涝。明永乐、宣德年间，江南巡抚周忱，治理芙蓉泽国，筑岸垒堤，将黄天荡沼泽围湖成田。明廷为彰其受惠百姓，政绩卓著，留史青名，追其为周文襄公，黄天荡人民纪念他丰功伟绩，境内建有周公襄公祠[②]。

黄天荡近代以来名人渐出。孙中山先生创办的《欧洲报》主笔姚公岳（姚祖颐）、著名“七君子”之一史良的老师许剑虹、新中国第一个在美国获得博士学位的姚熹等知名学者均出之于黄天荡。

1924年春天，黄天荡郑陆桥镇北夏墅村，厅堂里悬挂着“耕读传家”匾额、世代都是读书人的许家，出生了一个男孩，父母给他取名许学彦，寓义其长大能成为一名才学和品德兼备的人。数十年以后，许学彦没有辜负父母的期望，主持研究设计中国第一艘万吨级远洋巨轮东风号，中国第一艘长江大型高级客轮昆仑号，第一艘大型氦氧潜艇救生船，第一艘综合航天远洋测量船远望号，第一艘远洋打捞救生船和最大的科学调查船向阳

① 姚建民，程九度：黄天荡之光。1999年，内部资料。

② 同上。

红 10 号等船。

在六十多年的船舶设计生涯中，许学彦主持或参与建造了许多个中国舰船设计。航行在祖国的江河、大海、远洋的大船和舰艇都凝有他的智慧与付出。在他主持研究设计的众多产品中，有两项荣获国家科技进步奖特等奖，并被评为中国十大名船，他与著名科学家陈景润一起荣获香港爱国华人设立的“何梁何利基金科学与技术进步奖”。

出身书香世家

许学彦的祖父许荣炳读过私塾，但英年早逝。祖母是一个传统女性，因许学彦祖父早逝，自认命苦，于是一心拜佛，对乡邻行善好施，在村里人缘颇好。她以传统礼教管束孩子，把许学彦留在身边，对他疼爱有

图 1–1　许学彦与父母及家人合影（1956 年 2 月摄于上海）

加，怕他跟别的孩子学坏和影响学习，叫他少与别的孩子玩耍，叫他要老实做人，踏实做事，不要出风头，做人要诚实稳重、朴实，安分守己。她过惯了中国农村的田园生活，直到后来举家迁居上海，她仍不愿离开祖祖辈辈颐养生息的故乡，直至去世①。

许学彦的双亲是典型的严父慈母。父亲许宝良早年离开家乡在外求学，1924 年毕业于上海交通大学的前身南洋大学电讯工程系，毕业以后长年在外谋职挣钱养家。虽然长年在外，但对儿子的教育颇有见地，善于言传身教，他和妻子常常向小学彦灌输，一个家庭纵有万贯家产都可能会在瞬间失去，唯有学技术、有本领，凭自己的本事立家创业才最可靠。他和妻子要孩子继承许家世代读书的家风，勤奋读书，自强不息。他虽然像天下所有的父亲一样喜欢疼爱自己的孩子，但绝不溺爱娇惯，遇孩子有错，他除了讲明道理，有时也会体罚，此时的许学彦会躲到祖母的身后求得庇护，逃过皮肉之苦。

由于父亲长年在外，幼年陪伴他最多的是他的祖母和母亲承秀婉。母亲出嫁前读过初中，她勤劳善良，知书达理。家中有土地四十余亩，每年能有一二十石的田租收入，另外父亲寄回薪水补贴家用。母亲除了操持家务之外，还采桑养蚕，纺线织布，一家老小的衣服鞋袜全靠母亲缝纫。许的祖母和母亲乐善好施，每逢遇到天旱、雨涝、虫害，庄稼歉收，或

图 1-2　许学彦常州老家祖屋（2011 年 4 月牟朝纲摄）

① 许学彦人事档案，存于七〇八所人力资源部。

者租户家中有难，她总是会主动减免田租，减轻租户的负担。村上有户人家清贫，无力抚养子女，许学彦的母亲不仅时常送钱送物接济他们，还将其女儿自小收养直到出嫁。

对于家庭与父母，许学彦这样讲述他的感受：

> 祖父、父亲都是读书的，另外家里还有点地。堂伯父家也是读书的，小时候我到他们那里去，环境肃静，没有嬉笑吵闹声。因父亲长期在外地工作，家里教育主要是母亲，她常给我讲故事，像二十四孝、岳飞“精忠报国”等，教育我做人要正直、要爱国、要孝敬长辈。我小时候本来天性就很顽皮，但在这样的家庭环境和家庭教育下，我改变了个性，比较平静、严肃，不太多说话。①

儿时的许学彦聪明、活泼，尽管受家庭严格约束的影响，性格有些内向文静，但他与所有的孩子一样好动、贪玩。江南水乡的仲夏，大自然生机盎然，他一有机会便背着祖母和母亲，带着弟弟和同龄的小伙伴到树林草丛间捕捉知了、蟋蟀，热了就跳进河里追逐嬉闹。此时，他最大乐趣就是和那轻划而驶的小船挥臂竞游。他心想，将来要是自己也能造条大船该多好啊！

求学之路

许学彦不到 6 岁就开始了他的求学之路，就读于北夏墅村小学。该小学是武进县最早建立的小学之一，校风严谨、朴实、勤奋，教育质量优异，历届毕业生中被省立南菁中学录取的甚多。是一所方圆几十里闻名的小学②。

---

① 许学彦访谈，2011 年 9 月 5 日，上海。资料存于采集工程数据库。

② 姚建民，程九度：黄天荡之光。1999 年，内部资料。

许学彦在本村小学堂读书的时候，上课认真听老师讲，课后放学就与同学一起进行打乒乓球等体育活动。由于天资聪明，不知何为用功的他学习成绩一直较好，还特别偏爱算术，有数学天赋，经常和同学一起比赛做难题，每当一道难题被自己首先解开，他别提有多高兴。别看他平时活泼顽皮，但是在算术难题面前却会一反常态。如为了破解四则应用类难题，他倔劲一上来，哪怕是在盛夏的晚上，别人乘凉，摆龙门阵，屋内酷热难熬，汗流浃背，蚊叮虫咬，窗外玩伴们说笑打闹声不绝入耳，他仍会静坐在煤油灯下，趴在书桌前，苦苦思索，这时最能理解他心思的母亲便会坐在他身旁，一边做着针线活，一边陪他攻读，直到攻下难题母子同乐。父母亲很关心许学彦小时候的学习，但从不强迫他学这学那，任其自由发展自己的兴趣爱好，在知识的海洋中遨游。

图 1–3　许学彦曾就读的北夏墅村小学现貌（2011 年 4 月牟朝纲摄）

1935 年夏天，许学彦小学毕业，以优异的成绩考入离家四五十里开外的江阴南菁中学。生平第一次告别家中亲人，只身背着衣物书籍，坐上独轮车再换乘汽车赶到江阴，踏上了新的求知之路，那年他年方 11 岁。

江苏省南菁中学是一所历史悠久文化底蕴深厚的百年名校，其前身是享誉省内外的南菁书院，由江苏学政黄体芳在左宗棠的协助下，于 1882 年 12 月 27 日创办。办学理念是："南方之学、得其菁华"。崇尚勤读、提倡朴学、知行并重、关注社会。后来几经更名，1930 年改名为江苏省南菁中学。

图 1–4　许学彦曾就读的江苏南菁中学（2011 年 4 月牟朝纲摄）

图 1–5　南菁中学创办人黄体芳先生塑像（2011 年 4 月牟朝纲摄）

该校以重实、求严、图新为校风。以“忠恕”作为应事之方，以“勤俭”作为立名成业之本，进德修业，立志报国。课程设置国文、英语、算数、三角、体育。治学认真、成绩斐然，许多杰出的英才从菁园走上了广阔的社会舞台，闻名大江南北，成为国家栋梁之才。如中国科学院院士盛全章、钱保功，国际宇航科学院院士曹鹤荪、世界生产率科学院院士陆师义①②。

第一次走出乡村僻野，新环境，新学校，集体生活让许学彦开阔了视野，长了见识。中学的校园生活，锻炼了许学彦生活自理的能力，猛然间觉得自己长大了不少。中学里又增加了许多新的课目，特别是自己钟爱的数学和新开设的物理，使许学彦仿佛走进了科学迷宫，心中油然燃起一股强烈求知的欲望。他上课认真听讲，把老师讲授的每一个关键知识点入耳入脑，下课抓紧完成作业。每次考试，卷中试题，尤其是理科那些难度较大的题目，几乎都在其掌握之中。但许学彦毕竟还是个孩子，脱离了家长

① 赵统：南京书院志。2002 年，内部资料。
② 王廷彦：菁园漫笔。2002 年，内部资料。

的束缚，获得了自由，更加贪玩，凭“小聪明”和“经验”，他自有对付考试的“法宝”，就是临考之前“抱佛脚”，成绩竟然很好，可是这个“法宝”在学习英语时就失灵了，第二年英语期终考试就挂上了“红灯”——不及格。为此，父亲把他狠狠地训斥了一顿，这件事在他年少的心灵里，留下了深刻的教训，他回忆道：

> “小学毕业时村里没有中学，就去江阴读中学，这个学校至今已有120多年历史，很有名。离开了家，不受家里束缚，我很好玩，不大要读书，到考试时，历史、地理、生物、语文等课都能强记，临时抱佛脚也能对付考试，但英语靠临时背不行的，要靠日积月累，开始还好，到第二学期英语不及格，暑假后要补考。”①

通过这件事他懂得了学习不能靠小聪明，必须靠平时的点滴积累，把老师讲的每一个重点都深刻领会并加以巩固，才能使自己的知识不断增长。于是他暗自下决心：学习一定要下工夫呀！

正当许学彦在南菁中学念到初中二年级的时候，1937年日本军国主义者发动了侵华战争，打破了他平静的学习生活。淞沪抗战失利以后，战火迅速向内地蔓延，学校被迫关闭，许学彦无处上学念书，无奈之下只能离开学校，返回家乡。

回家以后，他从报上看到侵华日军一路烧杀抢掠，已吞噬了长江三角洲，逼近他的家乡，许多人都举家逃难。许学彦的母亲想前顾后，为了防止家中遭遇不测，决定让年仅13岁的长子许学彦跟随其堂兄及村里几个年长的人西去逃难，去安徽九龙岗，寻找在那谋生的丈夫许宝良。许母把家中几乎所有的钱缝进一条腰带里，绑在许学彦的腰上，千叮咛万嘱咐，含着眼泪将许学彦送到村口。许学彦踏上了逃难之路。

一路上，到处都是逃亡的人流，包括逃难的百姓和国民党从战场上撤下的伤兵。日本侵略者的飞机因为不会遇到地面防空火力的打击和空

---

① 许学彦访谈，2011年9月5日，上海。资料存于采集工程数据库。

中的拦截，如入无人之境，飞机飞得很低。许学彦连飞机里的日军驾驶员都能看得一清二楚。敌机见到人群就投炸弹，用机枪扫射，硝烟弥漫，死伤无数。

隆冬时节，寒风夹着雨水击打在许学彦的脸上，连日奔走劳累使他刚刚痊愈的左腿丹毒症因淋巴回流不畅而又浮肿了，他只能拖着浮肿的左脚，一步一步地向前迈进。四天走了 200 多里，到了镇江。

这段艰难的逃难经历，对许学彦来说是难以忘怀的，在讲述这段经历的时候他说：

> 从常州到镇江整整走了四天，这时流火又发了。逃难过程中也是很危险的，日寇看到正在撤退的国民党军队无力抵抗，就用飞机来扫射，飞机飞得很低，在地面上的人都能看得到飞机上的人，我们只能边走边躲。[①]

此时，镇江火车站周围到处是逃难的人群，候车大厅人声鼎沸，从镇江开往南京的火车车厢里更是拥挤得无立足之地。无奈，小小年纪的许学彦夹在大人之中，使尽浑身的力气才爬上了火车车顶，火车只能夜间缓缓行驶，原本只有一个多小时的行程却开了一夜才到南京下关。在南京堂伯父家住了两天后又乘火车到芜湖，再渡江到了裕溪口，乘上开往淮南的火车到了安徽九龙岗，终于见到了父亲。许学彦事后才得知在他们刚刚离开南京下关不久，日本鬼子就包围了这座六朝古都，发生了震惊世界惨绝人寰的南京血腥大屠杀。至今回想起这段经历，他仍然心有余悸，如果当时再晚两天离开南京，自己也可能成了日军血腥屠杀的遇难者了。

逃难经历，对许学彦的人生观产生了巨大的影响，他无比痛恨日本军国主义，曾产生弃学从戎的念头，并决心长大以后造飞机、军舰，增强国力，抗击侵略，保家卫国。

---

① 许学彦访谈，2011 年 9 月 5 日，上海。资料存于采集工程数据库。

逃难的经历在我人生道路上留下很深的烙印，我懂得只有国家强大了，才不会受别人的欺负和凌辱，我决心长大后要为祖国的强大献出自己的一份力量。①

局势进一步恶化使许学彦的父亲觉得九龙岗也不是久留之地，他带着许学彦继续向内地逃亡。从九龙岗经阜阳、河南信阳、湖北武汉、湖南常德、沅陵等地，受尽颠沛流离之苦，最后到达贵州，父亲在贵州麻江找到一份从事通讯工程方面的工作。许学彦则跟随伯父到贵州铜仁。

在两年逃难期间，许学彦始终想往重返学校，上学念书。生活稍一安定，他就抓紧时间复习功课，于 1939 年夏考入贵州铜仁国立第三中学继续读初三。

许学彦进铜仁三中不久，因校舍不够，该校决定初中部由铜仁迁至相隔三四十里路之外的江口。过去有句形容贵州的俗话“天无三日晴，地无三里平”，贵州地处高原，地势崎岖，多雨。每逢下雨，道路非常难走。从铜仁到江口这段路程，以山道居多，好多路段一面是高山峻岭，一面是深达数十丈的山涧。许学彦跟随迁校师生心惊胆战地行走在山间小路上。

那天下着毛毛细雨，道路非常泥泞，夜幕降临，天暗路滑，疲惫交加的许学彦不小心一脚踏空，整个身体从路旁滑向山涧，慌乱中，他一把抓住路边的野草，可野草被连根拔起，许学彦的身体继续下滑，眼看就要跌进水流湍急的山涧中，突然，一块隆起的石头挡住了他两腿已经悬空的身体，他紧紧抱住这块石头，两腿奋力向上攀爬，这时同行的师生听到他的呼叫之后及时赶到，才把他从滑坡下拉了上来。这次意外并没有吓倒许学彦，反而激起他对侵略者给中国人民带来巨大灾难的仇恨和努力读书成才的信念。许学彦说，中国国防力太弱，那时我心里就有个志愿，长大以后要为国防服务，增强国家的国防力量。许学彦之所以

① 许学彦访谈，2011 年 9 月 5 日，上海。资料存于采集工程数据库。

能够在以后漫长的科研设计工作中，在各种压力和技术难关面前，在他左腿丹毒病几乎每年都要"光顾"的情况下，坚毅不屈，勇破难关，都与他少年时代流亡逃难，艰苦求学的经历有关。

初中毕业，许学彦又返回铜仁三中继续读高中，此时他总觉得身体不适，整天咳嗽不止，伴有低热，自己查看医书，疑是患了肺结核，他心想，"没有好身体，怎么能学好本领，做更大的事呢"。所以他很想到医疗条件较好的贵阳作检查，严厉的父亲以为他想到贵阳去玩，不同意他去。许学彦再三请求，父亲才给盘缠同意他到医疗条件较好的贵阳医院检查。

许学彦到了贵阳，住在堂兄许学阶家，经医院检查未发现病灶，一切正常。当他把这一消息告诉父亲时，父亲却很生气，认为他果然是为了游玩才跑去贵阳，一气之下，断绝了对他的经济供给。许学彦感到很委屈，倔劲一来，干脆不再向父亲解释。自己经济来源没有了，又不能这样长期住在并不富裕的亲戚家，当时是 1941 年秋，继续读书要等到来年的暑期，间隔半年有余。他为了减轻亲戚家的负担，决定先在贵阳找份工作。他按报纸上的招聘广告，到一所小学应聘，当上了小学抄写员。抄写员报酬低，工作辛苦单调，这份工作对于一名活泼好动的初中生来说真是不易。许学彦憋着一股气，每天早出晚归，日复一日地给学校抄啊抄啊，靠恒心和毅力坚持了下来。三个多月的抄写工作，练就了许学彦做事认真仔细、一丝不苟，全心投入的作风，这与他后来从事繁琐、复杂的科研设计工作中所表现出来的严谨、周密、成就大事有着密切的关系。

1941 年冬天，许学彦终于如愿以偿，考上了赫赫有名的贵阳国立第十四中学。该校以"诚朴做人、诚朴做事、诚朴做学问"为校风，培育出无数享誉世界的学者、政要和科学家①。在这所学校里，他有幸遇上了一位让他终生难忘的蓝彦哉老师。蓝老师是一名教英语的归国华侨，他非常善于循循诱导，常对学生说国家要强大，必须学好外语，掌握这门知识，

① 许学彦人事档案，现存第七〇八研究所人力资源部。

才能开阔眼界，了解世界、走向世界。启发学生学习英语的兴趣。他的教书方法颇为独特，非常注重培养学生的文学修养。选择教授的课文，大都是选自国外名著。他用他那标准流利的英语将那些动人的故事、优美的语言，娓娓道来，听他讲课就是一种享受。

他常要学生背诵外国文学作品里的段落，这对有心要学好英语的许学彦很有吸引力，他早读晚背，分外用功，进步很快，再也不觉得学英语有多么可怕。他从蓝彦哉老师那里学到的不只是英语，更重要的是一个人要有自信的品质，这与他后来在科研设计工作中所遇到的技术难题面前信心满满不无关系。此事尽管已过去了多年，至今每当许学彦回忆起这段往事，依然对蓝老师充满感激之情：

> 贵阳有个很有名的中学——国立十四中学，我去考高一下插班生，结果考取了，直读到高三毕业。我初中时英语不行，十四中有一位英语老师，他叫蓝彦哉，是南洋归侨，他教英语的方法很好，本来我害怕学英语，他选一些文学名著来教，这些名著本身就有魅力，我有了兴趣，每天早晨起来朗读英语、背单词，到高中毕业时，我的英语成绩很好，对我以后工作有很大帮助。①

立志造船

高中毕业，许学彦如愿以偿地考上了大学，并且不止一所。许学彦说：当时有什么学校来招，我都去考了。我记得当时有昆明西南联大航空系、浙江大学机械工程系、贵州平越交通大学土木系、重庆兵工学院、重庆交通大学造船系，居然全都被录取。有了五个学校、五个不同的专业好

① 许学彦访谈，2011年9月5日，上海。资料存于采集工程数据库。

图 1–6　上海交通大学现貌

选择。选什么专业呢？许学彦青少年时期的经历一幕幕呈现在眼前：家乡村落地势低洼，整个村庄被一条大河黄天荡包裹，村中小河纵横交错，交通十分不便，进出要靠船只。许学彦想起家乡那些小木船，想起远离母亲整整的八年，想起逃难路上的每一天。正是因为战争，才让他背井离乡。中华民族多次被侵，侵略者都是从海上攻入，中国太落后了，中国近代造船业太落后了。为了实现儿时的宿愿，改变中国农村的交通，建造中国自己的舰船，增强国力、抗击侵略、保家卫国，他毅然放弃了其他四所大学，最终选择了重庆交通大学造船系。走上了他日后成为一代船舶设计专家的求知之路。

重庆交通大学造船系，是现上海交通大学船舶及海洋工程系的前身。该系第一任系主任是我国造船界一代宗师叶在馥先生，著名老一辈造船专家杨仁杰、辛一心、王公衡、张文治、王荣瑸、杨俊生、杨槱等都在此系任过教。该系培养的高级技术人才分布在造船、航运、船检、海洋工程、渔业、海军各部门。中国船舶工业总公司连续三届的主要领导，中国工程院院士、国家科技进步奖特等奖获得者黄旭华，“勘探三号”半潜式钻井平台主任设计师、创造浮力顶升法进行水下合拢新工艺获得国家自然科学发明奖二等奖祝源均，获国家科技进步奖特等奖向阳红 10 号远洋调查船施工设计主任设计师卢在都出自交通大学造船系。当代中国船舶工业和海洋工程领域中每一个重大成就，都凝聚着交大造船系毕业生的智慧和汗水，他们领导了本行业的新潮流，他们为我国的船舶和海洋工程领域作出了卓越贡献，使上海交通大学造船系被誉为我国造船专家的摇篮。

许学彦进大学后的第二年，抗日战争胜利了，1946 年交通大学由重庆迁回上海。许学彦有幸成为了中国现代著名船舶科学家和教育家，中国造船科研事业的开拓者和奠基人辛一心先生的学生。

在许学彦的学术成长历程中，有二位人物对他影响较大，一位是导师辛一心、一位是武彦荣。辛一心不仅是他的师长、领导，更是他事业的领路人。

> 辛一心知识渊博，他是我遇到学识渊博而又诲人不倦的最好的一位老师，在交大他开课最多，承担造船系原理等主要课程。他讲课时，不缓不急、条理分明、重点突出、很有特色。记得他给我们教授船舶静力学课程时，他在黑板上疾书指导公式，期间还不时进行讲解。从原理阐述、内容的分析到公式的演绎，均逐一交代，做到深入浅出，既清晰又易懂，他不像有些老师肚里很多学问，但口才不行，讲不清楚，他讲得很精辟。学生课后翻看记录的笔记，像是一本完整的教材，我至今都留着他的讲课笔记。①

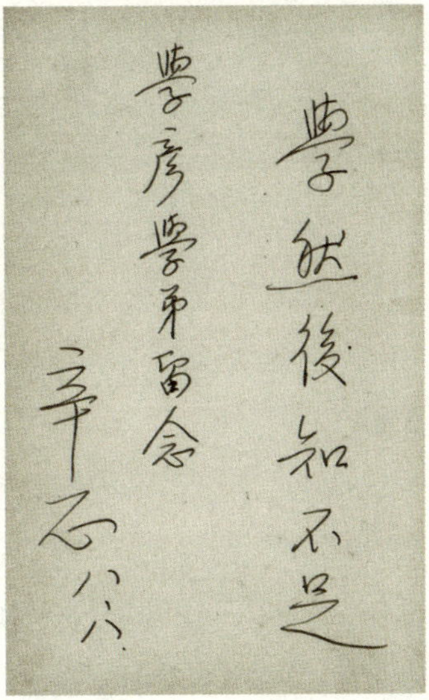

图 1–7　1947 年恩师辛一心题词

辛一心 1912 年出生于江苏省无锡县，1934 年毕业于国立交通大学，1936 年考入中英庚款第四届公费留英，进入英国杜伦大学皇家学院学习，1938 年获造船工程硕士学位，1938—1940 年进入英国格林尼治皇家海军学院攻读造舰工程。1940 年正值国内抗战时期，他在给家中的信里写道："人离开祖国，如螺旋桨之离水。以儿之念祖国，知祖国必念念于儿也。"②

他满怀发展祖国造船事业的迫切愿望回到了战火纷飞的祖国。回国后先在西安乡下一所学校当教授，1944 年到交大执教。上海解放前夕，招商局曾挖他去台湾，但在中共地下党的影响下，他决心不去台湾、留在大

① 许学彦访谈，2011 年 9 月 5 日，上海。资料存于采集工程数据库。
② 辛亨复：《辛一心传》。上海：上海交通大学出版社，2012 年，第 1–5 页。

陆。1949 年 5 月上海解放后被任命为上海市军事管制委员会航运修理打捞委员会主任委员、上海市军管会华东船舶建造委员会船舶建造处处长。1950 年 10 月，中央人民政府重工业在上海成立船舶工业局，任命他为设计处处长。许学彦说：

辛一心的爱国情怀深深感染激励我，作为一名知识分子就应向辛先生那样，怀有爱国情怀，为发展我国造船事业做出贡献。①

辛一心对船舶流体力学和结构力学均有很深造诣，他编著的《船舶阻力》、《船体强度》、《船舶动力学》、《船舶结构力学》、《流体力学》、《船舶振动学》等著作，反映了当时国际上有关领域的科技水平，是我国造船工程早期仅有的六本正式出版的著作，奠定了我国造船科技文献的基础，不仅成为当时高等院校船舶专业的主要教材，而且对船舶科研、设计均有指导意义，也是之后学习造船工程的年轻学子们必读的经典著作。当时都以他为榜样，像他那样认真读书，做个知识渊博的人。

辛一心学风严谨，20 世纪 60 年代，为了确保质量、减少差错和按时完成任务，计算项目全面采用表格化计算；二类以上全部设计项目都有设计（编制）、校对、审核、审定几道工序，责任明确清晰，因此有利于减少差错。此外，每个项目都实行工时定额管理，常规项目的每项工序都有一定工时定额，非常规项目则另加工时，要保证按时出图。这些制度都是在辛一心时代基本建立而后发展完善起来的。科学的学风来不得半点虚假，辛一心以实际行动为许学彦他们做出了榜样，他们从中也领悟到严谨治学的作风是科研设计的基石。

辛一心未雨绸缪、重视预研。1951 年，当时船舶局成立伊始，任务不足。辛一心为使许学彦他们专业不荒疏，更为以后接受任务做好准备，他拿些假想的任务让他们做。大家花了很大努力设计好了，却不能实现。同志们有急于造船报效国家之心情，却常有‘镜中看花，水中捞月’之

---

① 许学彦访谈，2011 年 9 月 5 日，上海。资料存于采集工程数据库。

感慨。他就做我们思想工作，说明技术练兵、搞预研的重要性，要求大家安下心来。随着任务逐步增多，许学彦他们对设计工作已较熟练，能应付自如。辛一心未雨绸缪、技术先行的作风深深影响了许学彦，在以后的研究设计中许学彦始终牢记先生的教诲，注重预研，技术先行。许学彦回忆说：

> 辛一心先生不仅是我的老领导，更是我事业的领路人。1950 年，我由辛一心介绍进入船舶工业局技术处设计组工作，这一行一干至今。起初，船舶局在四川路桥南之资源大楼，我们技术处在底层 107 室，是个大房间。辛先生的办公室是大房间头上隔了一个小间。我的绘图桌就在靠近小间的出入口处。辛先生经常走出处长室，到大房间来看看。他经常停下来看我设计的图纸，问情况、提问题，与我讨论，给予指导。先生对待船舶设计工作，一如对待教书，严谨、细致，务求最好。他对下属既严格要求，又热情关怀，讨论问题，调理清晰，以理服人。当时的设计图纸，重要的都要经过他审定后才行入库。①

1957 年 12 月，辛一心被查出身患肺癌，12 月 16 日与世长辞，年仅 45 岁。痛失恩师的许学彦回忆道：

> 1957 年，他患胃癌病逝，我很难过，他出殡时，从胶州路万国殡仪馆到龙华墓地，我一直跟着去。②

交通大学学习是许学彦学术成长的一个关键时期，他说四年交大学习、生活，交大的校风、师生的爱国情怀，深深影响教育、鼓舞着他。说起当时在交大的同学，许学彦不无感慨地说：在交大读书是我一生最宝贵的时间，但很可惜我们同班、特别是同寝室的同学都不在一个城市，原来

---

① 许学彦访谈，2011 年 9 月 5 日，上海。资料存于采集工程数据库。

② 同上。

图 1-8　许学彦交通大学毕业照

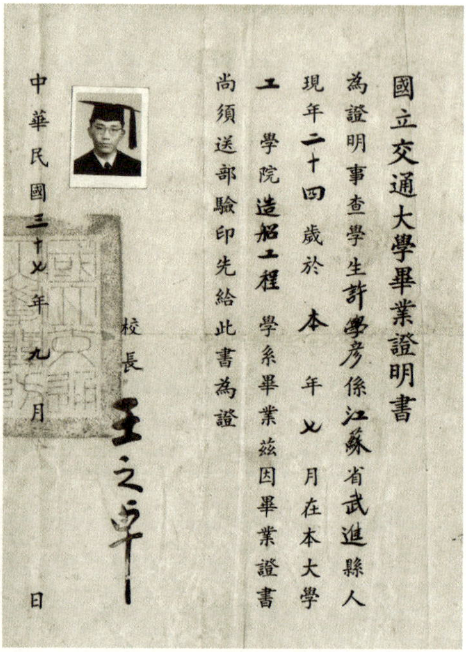

國立交通大學畢業證明書
為證明事查學生許學彥係江蘇省武進縣人
現年二十四歲於本年七月在本大學
工學院造船工程學系畢業茲因畢業證書
尚須送部驗印先給此書為證
校長 王之卓
中華民國三十七年九月　日

图 1-9　许学彦交通大学毕业证明书

有几个同学在交大做助教，后来到哈尔滨去了，还有一个到大连厂去了，所以在上海比较要好的同班同学都没有了，过去还写信联系，现在比较要好的同学大部分都去世了。

1948 年夏天，许学彦以优异的成绩从上海交通大学毕业。他的同学吴秀恒回忆：

> 从 44 年到 48 年一直是同一系、同一专业、同班同学，比较亲密，新中国成立后也经常联系与接触，那时学校生活艰苦，住在一个大仓库里，那时国民党为笼络青年还是想了一些办法，学校的学费和伙食费是免费的，但一切生活用品全靠我们自己解决，课外给人家做家庭教师，他学习刻苦、成绩优异。①

毕业后，许学彦难以进入梦寐以求的船舶企业，当时中国造船工业的

① 吴秀恒访谈，2012 年 10 月 13 日，武汉。资料存于采集工程数据库。

现实，也难有他施展才华的舞台。1948 年，许学彦进入了英国人开办的濬浦局充当实习员，主要工作是计划和计算疏浚挖泥船的挖泥量，还要到下属单位张华浜船厂实习，看工人是怎样修船的。对他这个刚毕业的大学生来说，去厂里实习增加了许多造船工艺、生产流程等各个环节的实际经验和知识，他深刻认识到只有好的设计，才能造出性能优良的舰船；而有了好的设计，没有高水平的技术工人，也造不出高质量的舰船来。这些宝贵的经历对他后来从事舰船研究设计影响颇深。

许学彦当时办公地点在外滩海关大楼的五楼，可以凭窗眺望黄浦江。江面上挂着各国国旗的船只来来往往，外国人趾高气扬，而当往返浦东浦西之间平民百姓乘坐的小舢板映入眼帘时，心中总忍不住有种失落悲愤之情。濬浦局原系洋人机构，处处体现洋人欺压华人，管理的人霸气十足，在这种条件下工作，他有一种受帝国主义和官僚资本主义压迫的感觉，心中十分不快。

1949 年 5 月 27 日上海解放，许学彦自知对共产党、人民解放军不熟悉、不了解。不知道人民政府将对像他这样在旧政府濬浦局工作的人员采取什么政策而心存疑虑。

随着时间的推移，许学彦目睹了中国人民解放军不扰民的铁的纪律，亲身感受到共产党、人民政府在极端困难的条件下，制定的各项政策都是为国家、为人民着想。在上海解放前夕，外国的殖民主义者曾扬言：共产党怎样进来的，就要他们怎样出去。但在党中央和上海人民政府的领导下，在全国各地的支持下，国民经济日趋恢复发展，稳定了多年来一直上涨的物价，社会秩序、市民生活安定。特别是人民政府对濬浦局的工作人员全部包下来，原薪未动，实际生活水平不仅没有降低，反而又有提高。这时的许学彦看到国家各方面的建设突飞猛进，新鲜事物层出不穷，而自己所在的濬浦局人浮于事，没有什么实际工作，他想参加中国人民解放军南下服务团，可因当时父亲失业，全家八口人的生活全靠他负担，而无法脱身。这时恰遇中央第一机械工业部上海船舶工业管理局成立，许学彦想濬浦局虽然待遇很高，但它是修船，不是造船，为能实现设计大船的理想，1951 年许学彦向濬浦局军代表提出辞职，军代表不同意，说他们那里也需要青年科技人员，不放他走。后来他找到濬浦局上级单位上海港务局军代表，才同意他辞职。

辞职后的许学彦经恩师辛一心教授介绍进入船舶工业管理局技术处，从事船舶设计工作[①]。许学彦自幼以来造船的梦想终于开始实现了。从此他开始进入舰船研究设计的领域：从小型的机帆船到万吨级的远洋货轮、从小炮艇到大型登陆舰、从民船到军船、从各种工作船到“海上科学城”的航天测量船……他将自身的一生融入了舰船世界。

加入中国共产党

许学彦在读初、高中时，在合作金库工作的老乡借给他一些鲁迅、茅盾、巴金、郭沫若等人的小说，看了以后被里面人物的曲折经历和进步思想所感染，觉得干革命很不容易，要有不怕死的精神。小说看完了，老乡又借给他看了几本当时被列为禁书的理论书籍，虽然对书中所述资本主义一定要灭亡、社会主义一定会取而代之的理论还不是很明白，但是他认定社会主义是进步的，将来一定会实现。这是他生平第一次了解什么是社会主义。

在重庆，他从《大公报》和《新华日报》中了解到一些中国共产党的政策和领导人的抗日斗争信息，他关注重庆的政治协商会议和重庆谈判，关注延安和八路军取得的战果。

内战爆发后，1947年，交大校园里，学生运动风起云涌，蓬勃开展。许学彦参加了上海高校学生们不满日益腐败、依靠美国主子出卖民族利益、把美国当成中国太上皇的国民党政府的游行，参加了同学们在上海真如火车站集结准备到南京请愿的行动，学生们在火车站熬了一夜，后因国民党政府极力阻挠未能成行。美军在中国土地上横行不法，胡作非为，享

① 许学彦人事档案，现存第七〇八所人力资源部。

有治外法权，中国警察不敢过问，尤其在北京发生美国士兵强奸中国女学生的事件，更加激起许学彦反美、反蒋的爱国激情。他多次参加校园的学生运动，关心政治、担忧国家未来的命运。在参加“反饥饿、反内战、反迫害”的示威游行和去南京请愿途中，他亲眼看到国民党政府对手无寸铁的学生采取残酷的镇压，用水龙头、皮鞭冲打学生，军警用飞行堡垒冲击殴打学生队伍，逮捕进步学生，甚至枪杀学生。而进步学生、中共地下党员，面对强敌、面对死亡所表现出的英勇无畏精神，深深感染和教育了许学彦，使他彻底认清了国民党反动政府的真面目对外献媚卖国，对内没有民主自由，只有革命才能彻底解放全中国，而只有中国共产党才能领导中国人民推翻反动阶级统治。

当时国内国民党围剿共产党，打内战，学生运动经常有，例如美军士兵在北京强奸北大女学生沈崇，激起全国老百姓愤怒，大学生纷纷组织游行。还有为了反饥饿、反内战，学生也自发游行。当时要去南京请愿，交大有学生自己会开火车，准备乘火车去南京，但受当局阻拦而未去成。出于爱国热情，这些活动我都参加了，因为我小时候家乡被沦陷，被迫离家出走，所以爱国思想一直有的。要建立强大的海军，不让敌人从海上来，这种思想也一直有的。①

1949 年 10 月到 1952 年底，经过三年多的艰苦奋斗，新中国成立前遭到严重破坏的国民经济获得全面的恢复，并有了较大的发展。许学彦从报纸上看到 1952 年底全国粮食产量从 1949 年 2263.5 亿斤增加到 1952 年 3278.4 亿斤，增长 44.8%。比历史上最高年产量的 1936 年增长 9.3%，棉花总量从 1949 年的 888 万担，增加到 1952 年的 2608 万担，增长 193.7%，比历史上最高年产量的 1936 年增长 53.6%，工业总产值 810 亿元，按可比价值计算，比 1949 年增长 77.6%，平均每年增长 20% 左右，财政收入比 1950 年增长 181.7%。这一切，使许学彦受到极大鼓舞，他对中国共产党认

① 许学彦访谈，2011 年 9 月 5 日，上海。资料存于采集工程数据库。

识有了进一步提高。

新中国成立后，由于刚从旧社会进入新社会，帝国主义、封建买办思想在知识分子中还有很大影响。大家对新的社会事物不了解、不熟悉，都注意学习，希望更多地了解革命、了解共产党，了解新社会，以适应形势发展的巨大变化。船舶工业管理局和第二船舶产品设计室党总支书记武彦荣按照党对知识分子"团结、教育、改造"的方针，重视思想政治教育，组织知识分子学习时事政策，学习社会发展史、历史唯物主义、新民主主义论等理论。通过这些学习，使许学彦了解了劳动创造人类的基本理论，了解国内外形势和党的有关政策，进一步认识了中国革命和中国共产党，为逐步树立正确的人生观打下基础。认识到只有社会主义才能救中国，中国共产党是无产阶级政党，是代表广大人民根本利益的，全心全意为人民服务的政党，他向往共产党、羡慕能参加这个组织的共产党员。

上海船舶管理局一成立，就建立了党组织。船舶设计产品第二研究室总支书记武彦荣[①]是一位 1938 年入党的老同志。说起他许学彦赞不绝口，称武彦荣是他政治成长的启蒙者和引路人。许学彦说：

> 武彦荣正确执行党的知识分子政策，特别关心青年科技人员的成长，经常找他们谈心，向他们宣传党的路线、方针、政策，讲述中国共产党的指导思想和奋斗目标。指出一个青年科技人员，要为祖国的发展做出贡献，不但技术要好，而且思想也要好，要有理想、有抱负，鼓励许学彦政治上要积极上进，要向组织靠拢，争取加入党组织。[②]

武彦荣深入群众，平易近人。科技人员加班，他做好后勤保障，为加班人员送点心，激发大家的工作热情。他为人正直，当时反右，他实事求是，上面批评他右倾，不让他领导运动。在一些人被错定时，他主动找

---

① 武彦荣，山西襄垣县人，1921 年生，1937 年参加革命，1938 年参加中国共产党。历任船舶产品设计处党总支书记、室主任、党委书记、七〇八所政委、党委书记、中科院上海生化所党委书记。

② 张毅，杨德昌：《阳光征程》。上海：上海文艺出版社，2011 年。

他们谈话："政策是上面定，我无能为力，但工作上你们放心，我仍像以前一样大胆使用你们。"[①] 这些同志深受感动。他的生活朴素，没有架子，平时碰到他总是和大家打招呼。谈到武彦荣，许学彦充满敬佩感激之情。他说：

> 武彦荣是我学术成长过程中影响最深的一位领导。[②]

许学彦从身边共产党员的模范行为和思想品德中受到教育和感染，他觉得精英都在共产党队伍里，自己要想成为一个精英，做一个对国家有贡献的人，就要争取加入到这个组织里来。他开始萌生了要求加入中国共产党的愿望。

为了帮助许学彦进步，武彦荣专门让二室资料室的两位党员同志作为许学彦的入党联系人，经常与他交流思想，帮助他提高认识。在领导关心和帮助下，许学彦备受鼓舞，于是向党组织递交了入党申请书。他在申请书上写道："新中国翻天覆地的变化、抗美援朝、社会主义的改造等运动感动了我，同时我亦参加了平素梦想的真正的造船工作，并且从自己手里造出了船。这对于从旧中国来的技术人员是多么兴奋鼓舞的事啊，随着建设的发展，更感到新中国的亲切，作为中国人的自豪，挺起胸膛做人，同时也深切感到个人前途与国家前途、人民利益是不可分割的，处于这样一个伟大的时代，每个人都有重大的责任感与远大前途，不能白过这一生，要把党的宗旨作为自己的一生追求的目标，要为祖国为人民多做些事。"他暗自下定决心，一定要好好学习，勤奋工作，以实际行动接受党组织的考验，实现自己要加入中国共产党的愿望。1956 年 9 月，许学彦由胡志英、肖萍两同志介绍，光荣加入了中国共产党，将自己要为中国造大船、造好船、为加强海军装备建设作出贡献的理想与为实现共产主义远大奋斗目标结合起来。决心将自己的全部奉献给中国舰船研究设计事业[③]。

---

① 张毅，杨德昌：《阳光征程》。上海：上海文艺出版社，2011 年，第 19 页。

② 许学彦访谈，2011 年 9 月 5 日，上海。资料存于采集工程数据库。

③ 许学彦人事档案，入党志愿书，现存第七〇八研究所人力资源部。

第二章
实践理想　设计舰船

新中国第一个船舶设计机构

中国造船业曾在世界上遥遥领先，早在新石器时代，中国就有独木舟和“并木以渡”的筏。夏朝木板船诞生。橹、舵、四爪锚都是中国人首创。到秦汉时，中国江河已现舳舻千里，帆樯高耸。唐朝内河船的载重量已达300吨。明朝初，郑和七下西洋，当时中国的造船术和航海术举世无双。然而自明朝中叶起，“海禁”政策和清朝“寸板不得下海”，致使中国海上力量衰落。1840年鸦片战争爆发，大英帝国“用坚船利炮”打开中国的大门，人们才如梦初醒，方知中国的造船业远远的落后了。

“1872年12月，经过清政府高层一场激烈的争论之后，一个‘官督商办’并以股份制为核心的近代企业——轮船招商局在上海诞生。这是一个引进西方的技术和管理模式，谋求强国，倡导开放，并且敢于和洋商一争高下而令人耳目一新的大型企业。它成为那个时代中国在发展先进生产力的起航路上的标志性实体之一。”①

---

① 辛亨复:《辛一心传》。上海：上海交通大学出版社，2012年，第49页。

1944 年后辛一心任招商局船舶技术改造和技术管理工作，组建改造船舶修造厂，抢修了江顺、江安、江新、江汉、江华和江建六大江轮。

1949 年 5 月上海解放，招商局即由上海市军管会航运处接管，辛一心继任招商局总工程师，数月内打捞修复黄浦江沉船 67 艘，一年多完成了新中国成立后第一批造船任务。在上述船舶建造任务进行的过程中，包括辛一心在内的造船界人士纷纷提出建议，希望设立一个国家级的造船领导部门，经当时政务院批示，中央人民政府重工业部于 1950 年 10 月 1 日在上海设立船舶工业局，辛一心为船舶工业局设计处处长，后改为技术处。

“1950 年 11 月 29 日，在技术处正式设立了一个船舶设计组，这是新中国第一个船舶设计机构，它是现中国船舶工业集团公司第七〇八研究所的雏形”①。

这个组织的成立，吸收和凝聚了许多新中国成立前的老专家，国外有志回国建设的学者以及新中国成立后毕业的学生。这对克服当时外有封锁，国民经济正处在恢复期，造船工业基础原本薄弱，人才奇缺的困难，意义重大②。

许学彦在这个技术组成立的次年，1950 年从待遇颇丰的濬浦局辞职，由恩师辛一心介绍加入技术组，成为新中国第一个船舶设计机构的一员。

新中国的成立、蒸蒸日上的船舶制造业为许学彦提供了实现理想，施展才华的舞台。进入船舶工业管理局设计组对他而言可谓如鱼得水，为他打开了一扇通向成功的大门，由此踏上了将梦想转化为现实的征程。从此他就再也没有离开过他所钟爱的舰船设计行业，他以严谨的科学态度努力研究设计适合我国国防和经济发展需要的舰船，竭智尽力，贡献于船舶科研设计事业，一干就是 60 多个春秋，他亲自主持或参与了 60 多型舰船的设计研究，填补了中国船舶设计的许多空白，创造了许多项中国船舶设计史上的第一。

---

① 辛亨复:《辛一心传》。上海：上海交通大学出版社，2012 年，第 79 页。

② 同上。

在实践中获得经验

许学彦参加船舶的第一艘船是为上海市轮渡公司设计的黄浦江轮渡海济号，王淮[①]为主持人。许学彦充分利用自己所学船舶设计的专业知识，设绘了线型图、总布置图、中剖面图，基本结构图、螺旋桨等图纸，计算、编制了总体性能和结构强度计算书。画图是舰船科技人员的基本功。当时他的绘图台就在辛一心教授办公室的门口，辛教授经过他的绘图台，他总会请辛教授看看他绘制的图纸，请他指出存在的问题，在辛一心教授耐心讲解和指导下，许学彦学到了很多书本上学不到的知识，设计水平得到不断提高。对于恩师的教诲许学彦在回忆时说：

> 1951 年 1 月我就从濬浦局调到船舶工业局，没有辛一心我也不容易调入，他是我的恩师。在船舶局设计室工作时，他也常常来看我画的图，给我指点，有较深的关系。
>
> 我参加船舶设计的第一艘船是为上海市轮渡公司设计的黄浦江渡轮海济号。当接到这个任务时，大家都很高兴，如同干旱天遇到及时雨，这正是我渴望已久，这是真刀实枪的任务，设计人员个个兴高采烈、摩拳擦掌。我画了线型图、螺旋桨图、中剖面图及一些结构图。画线型图时没有参考图纸，可以自由发挥，我把辛一心教过的造船原理认真阅读、理解并用于实际计算中，如主尺度、方形系数、水线面系数等等，在确定系数后再画图。当时也没有正规的绘图工具，是用柳条木和压铁来画线型图，要让水线面、纵剖面、横剖面三度空间吻合才能画图，很不容易，要返工好多次才能完成。后来听说该船效果很好，比以往渡轮的航速要快，轮渡公司很满意。
>
> 在设计过程中，深感在学校学的理论知识远远不能满足设计需要，后来又到交大进修，颇有收获。[②]

---

① 王淮，原中国船舶工业集团公司第七〇八研究所研究员。

② 许学彦访谈，2013 年 9 月 27 日，上海。资料存于采集工程数据库。

当时没有船模试验水池，不能搞船模试验，一切都是按参考书和自己所学船舶设计专业理论知识，结合黄浦江渡船的实际需要来进行设计。该船建成后，大大便利了浦江两岸人们往来和物资流通，受到用户和老百姓的欢迎，用户反映这条船阻力小、布置合理、平稳，性能优于过去所有渡轮。这是许学彦船舶设计生涯中的处女作，牛刀初试取得圆满成功。

完成第一条船海济号设计后，从 1951 年到 1954 年他先后参加了 DH40 机帆船、供水船、1000 吨驳轮、浙江省测量船、小港客货轮、110 英尺拖网渔船、川江客货轮、100 尺长江港务船、黄河双叶蒸汽浅水拖船、280 立方米开底泥驳、破冰船、东北水产局渔轮等十几条船的研究设计工作。他深知实践出真知，要想知道梨子的滋味，必须自己亲口尝一尝，因此，他不管是大项目、小项目，不管是技术含量高、还是技术含量低，不管是事关全船的总体布置图、基本结构图，还是一个具体设备的基座图，都一丝不苟地认真对待，从不马虎。他现在回忆起来还深情地说："这段工作是我成长中很重要的一环，亦给培养干部提供了一条经验，即领导者或科技管理人员必须先做过你所领导范围的最基层的具体工作，这样，你才能了解得细致入微，才能管内行，才能有共同的体会与感受，因而更有发言权"①。

1959 年，交通部提出建造昆仑号客轮。这是许学彦承担我国第一艘豪华客轮的设计任务，该轮全部零部件都立足于国产，这是他攀登另一个高峰的起点。该船是经国家计委批准的国家重点产品。它的特殊性与一般常规客船不同。一是要求该船能全年在长江全线（上海至重庆之间）航行。在总长 660 公里的川江段（宜昌至重庆间航道），自宜昌而上即由平原进入山谷。由于川江航道两岸山峦夹立，绵亘无间，河床几尽属于石质，江面狭窄，坡度又大，形成了川江的复杂而艰险的航道。其水流与长江中下游水道情况截然不同，远较中下游湍急，且气象多变，时常云雾缭绕，能

① 许学彦访谈，2011 年 9 月 5 日，上海。资料存于采集工程数据库。

图 2–1　长江豪华客轮昆仑号

见度差。为了确保在川江航行船舶的安全，在设计时需要仔细考量船的尺度、稳性、吃水。

二是由于该船供党和国家领导人乘坐，船的设计标准除了满足一般常规客轮的技术要求外，对船舶构造的安全性、可靠性、操纵性的要求更加严格。还提出了一些特殊要求，例如舱室要求高，居住舱室甲板的层高要求 3.20 米，舱室的布置要求舒适，会议室宽敞等。因而船的重心升高，加之该船的稳性要求满足沿海三类航区的标准，在川江航行船舶尺度又受到限制，因而设计上有较大的难度。

在设计过程中，许学彦作为该船的船体主办（现称总工程师），与科技人员一起到中南海进行了认真调研，根据该船的特点，进行全面的论证，许学彦特别注重了总体布置、舱室布置、稳性、家具房间美化、会议室设备、防噪音与自动化等问题。考虑到此船虽为钢质船身，但因川江特有的险滩及枯水期的浅滩，船底容易受损，他和科技人员采用了双层底。该船虽多用于长江航行，但任务书要求满足海船规范三类航区（即长江口附近海域）的稳性要求与上层建筑高度达 3.2 米，船的尺度受到川江航道的限制，为了减轻船的重量，降低重心，确保稳性，该船的上层建筑采用铝合金结构，开创了我国将轻型金属材料用于客船的先例。

在昆仑号的设计工作中，许学彦以极其负责的态度开展工作，遇到困难，就千方百计去克服，力求完满完成组织交给的任务。他以船体主办与负责人的身份去北京接任务，主持初步、技术、施工三个阶段的设计。在工作中，他提出并决定了船的主尺度（长度、型宽、型深和吃水），同时主持确定了船体线型、船体结构、吃水等许多关键技术问题。

1960 年 2 月 25 日由一机部九局船舶设计院和交通部海河总局在上海第二产品设计室联合召开了 60 型昆仑号专用客轮产品技术设计第一阶段审查会议。与会代表对该船设计文件、图纸方案进行了详细的研究和讨论，一致认为初步技术合并设计的方案满足了技术任务书的主要要求。对参加设计工作的工作人员卓有成效的工作给予了充分的肯定。

该船于 1960 年 6 月开工建造，1961 年 6 月和 9 月在吴淞口进行了两次试航，9 月中旬又进行了上海至九江间的试航，1962 年 6 月 31 日至 7 月 3 日在吴淞口作了第 3 次试航后，又进行了申渝全程试航，证明该船设计建造是成功的，符合规范要求，操纵性良好，满足川江航行及靠离长江沿线码头的需要。1962 年 10 月 29 日通过国家验收，并于年底交付使用。

1966 年中央批准改装昆仑号，规定除供中央首长外，要承担接待外宾任务，同时也能供民用载客。改装后的昆仑号增加了专用载客舱室及工作人员客位，并可装载物资 40—100 吨。该船总长 84.00 米，型宽 13.40 米，型深 3.40 米，吃水 2.75 米，排水量 720 吨，航速 16.00 节，专用实际客位 230 人，通用实际客位 420 人。

该船的结构与上层建筑材料及全部机电配套设备和仪表皆为国产，采用的新材料、新设备为国内首创，体现了当时的最新工业水平，开创了长江内大型客轮全用国产的设备、材料，完全立足于国内的先例。尤其是改建后，其机电设备先进、流体性能好，兴波在川江上最小，主机振动减少 40%—50%。装潢豪华、规格高、舱室美观，具备全船空调和电话等设备，更适宜于接待国外旅游观光客人。运营后成为长江船中航速最高，设备最齐全，川江船中尺度最大的船舶，其设计成功标志着我国高级客船设计进入新水平。投入“黄金水道”旅游线后，取得了很好的社会效益和经济效益①。

许学彦在实践中锻炼，在每一型船的设计任务中获得经验，使他研发

① 豪华客轮昆仑号技术档案，现存第七〇八研究所档案信息中心。

设计水平不断提高，不久他就承担了设计某高速炮艇，任该艇设计的船体主办。

新中国成立初期，国民党仍占据着部分沿海岛屿，大陆面临国民党的轰炸，海上封锁以及对沿海岛屿城镇的骚扰破坏，迫切需要舰艇进行护渔、护航、反封锁斗争以及配合解放沿海岛屿。当时我国正在进行抗美援朝战争，国内经济正处在百废待兴的时期，国家财力、物力有限，工业基础薄弱，不可能建造大、中型舰艇，海军武器装备建设只能根据实际需要和可能，从建造小炮艇着手①。1950 年 9 月，由中央军委、海军司令部下达任务，安排海军江南造船所（后为江南造船厂）设计制造 42 吨小炮艇。这是我国自行设计建造炮艇的开端，也是以后设计建造 52 甲炮艇的先导。

第一代的小炮艇，在解放初期护渔、护航和解放沿海岛屿的斗争中，做出了重要贡献。由于艇小、灵活、吃水浅，可以近岸与抵岸射击，有效地压制敌人火力，掩护陆军抢滩登陆，在解放大小麂山四岛、积谷山、一江山岛等登陆作战中，均发挥了重要作用。解放一江山岛战斗结束后，华东海军司令部为此颁发了嘉奖令。1954 年 2 月 25 日，在乌丘海区击沉国民党利达号、击伤海珠号运输船；同年 4 月 20 日，在猫头洋护渔战中，6 艘炮艇围攻国民党“永”字号扫雷舰，使其带伤狼狈而逃；1954 年 11 月，4 艘炮艇拖带、掩护 6 艘鱼雷艇，南下高岛隐蔽待机，从而一举击沉国民党海军主力太平号护卫舰，为人民立下战功。20 世纪 50 年代曾拍过一部故事片电影《怒海轻骑》，就展示了 50 吨炮艇的战斗英姿。

1953 年 2 月 19 日，毛泽东主席在武汉乘舰视察长江中下游四省。他在长江舰上为海军题词：“为了反对帝国主义的侵略，我们一定要建立强大海军。”建设强大海军首先要有更多的军舰，新中国成立后我们建造了一些小炮艇，但无论在数量上、火力上、航速上都难以和国民党的炮艇及南朝鲜的快速侦查艇相抗衡，当时迫切需要设计建造速度快、火力猛的新

① 中国舰艇工业历史资料丛书编辑部：《炮艇史料集》，1990 年，内部资料。

图 2–2　高速炮艇

炮艇。为此，1954 年 8 月海军委托船舶工业局第二产品设计室根据海军的要求设计第二代炮艇。

许学彦当时担任一机部九局第二产品设计室结构科副科长、工程师。组织上将他调任第二代高速炮艇设计组负责总体、船体、舾装等专业技术方面的主办，开展了技术设计和施工设计。

国防建设急需海军装备，许学彦深知身上肩负的重任。当时有关部门提供的只有总图和线型图等几张图纸，没有其他任何设计资料可参考，又无船模试验条件，无军船设计规范，许学彦作为该船的主办人，带领设计组全体人员在实干中学习摸索、边干边学习，充分发挥大家的积极性，解决了阻力计算、总体布置、螺旋桨设计，船体结构设计、舵的设计等技术难题。他本人参加了技术设计和施工设计的全过程，在总体性能，船体结构等方面审定了总布置图、线型图、舯剖面图、基本结构图、外板展开图等几十张图纸和多份总体性能、结构强度计算书。

设计高速炮艇当时采用苏联专家推荐高速滑行艇线型，因艇体阻力较大，艇在最大航速时滑行不起来。为此许学彦和大家想方设法减轻艇体重量调整艇体浮态，使其在最佳状态。在螺旋桨设计计算时，努力做到船、机、桨匹配，提高螺旋桨效率、减小船的附体阻力，经反复研究和不断改进使设计得到不断优化，55 甲高速炮艇的首艇，由沪东造船厂试制，1955

年 1 月开工建造，5 月 9 日下水，7 月试航，12 月验收交船。1955 年 2 月通过海军鉴定委员会定型。鉴定意见是：该艇达到原定技术指标，可以进行批量生产[①]。

该高速炮艇航速快，火力强，使敌艇受到一定的威胁。特别是 1958 年 9 月金门海战中，55 甲高速炮艇一举击沉台湾国民党沱江号猎潜舰，开创了小艇直接打大舰的先例。高速炮艇还多次在追剿海上武装匪特战斗中立下战功，曾被授予“海上猛虎艇”的光荣称号[②]。

由于许学彦在设计过程中的突出表现和贡献，1955 年、1956 年连续两年被评为优胜工作者。1956 年 10 月 11 日晋升为七级工程师[③]。

从仿制到创新

1953 年 6 月 4 日，中苏双方在莫斯科签订了《关于供应海军装备及在军舰制造方面对中国给予技术援助的协议》，史称《六四协定》。按照协定，苏联无偿转让制造舰艇技术图表和工作图表等技术文件，并派专家来华给予技术援助。围绕《六四协定》，船舶工业提出，军船第一的发展方针，后又明确，在第一个五年计划时期，船舶工业将主要力量放在舰艇方面，主要是转让制造。《六四协定》是船舶工业一次大规模的技术引进，它的执行奠定了中国舰艇工业制造的基础，也有效锻炼培养了我国舰艇工业的技术力量，为我国自行研究设计舰艇打下重要基础。许学彦是我国造船界最早从仿制到独立设计小型登陆舰艇的科技工作者之一[④]。1955 年上级下达小型登陆艇研究设计任务，许学彦任该艇总设计师。为了搞好这型产品的设计，他组织参设人员广泛收集国外小型登陆艇的资料，并将收集

① 中国舰艇工业历史资料丛书编辑部：《炮艇史料集》。1990 年，内部资料。

② 同上。

③ 许学彦人事档案，现存第七〇八研究所人力资源部。

④ 叶宝园：《自强之路——从江南造船厂看中国造船业百年历程》。北京：中央文献出版社，2008 年，第 181 页。

的资料进行了详细分析，在吸收设计经验的同时，对机舱布置、主机及其配套设施、轴承、螺旋桨根据部队需要都进行了重新设计。特别是解决了当时还是难题的螺旋桨设计（当时还没有水筒可做螺旋桨试验）与尾隧道登陆艇的阻力和推进问题。首艇在上海江南造船厂制造。试航后各方面反映良好，上级批准可成批生产。

该艇吃水浅，适用于内河和沿海的浅水区域航行，由于平底，能在无码头的岸边方便地进行登陆装卸和货物运输。加上设备简单，维修容易，深得海军领导机关的欢迎和好评。1955 年 10 月 4 日，大连船厂开工前后共建造了几十艘。及时地装备了部队，为我国岛屿间国防建设和军内物资输送出了大力，我国登陆舰艇装备的建设也正是从仿制小型登陆艇开始走上自行设计的道路，尽管它吨位不大，但产品的性能是优良的。为我国海军初创时期做出了重要贡献，许学彦和全体参加研究设计的广大科技人员为此付出了艰辛的努力。

许学彦注重在实践中学习、总结、提高。参加一些船的研究设计后，深感自己在交大学习的书本知识，无论是理论深度还是专业面的广度都有局限性，远远不能适应作为一个优秀舰船总体设计师的要求。因此他抓紧时间进行学习，自学了各种造船规范，如英国劳氏钢船建造规范、美国 ABS 规范、苏联海船建造规范与日本钢船规范等。还学习了当时影印的英文版造船手册。这些知识的学习，加上他参加多条船的设计实践，使他很快就可以独立承担船舶产品的研究设计。20 世纪 50 年代中后期荷兰船模试验水池出版了一系列英文版造船理论与实用方面的书，这些书籍后来成了权威性的经典著作，他都买来详细阅读，认真学习研究，使他在舰船总体性能方面的设计水平不断提高。在繁忙的工作中他还到交大旁听“杆件与杆系的弯曲与稳定性”、“板与壳的弯曲与稳定性”等课程，使他对结构力学有更深的理解。以前在设计船体结构构件时是查规范，查不到规范的就按简支梁来计算，他自学了多跨连续梁与板架等复杂构件的设计计算方法以后，使他对构件的受力情况及内在联系有了更清晰的认识，他利用这些知识来进行构件与板架的计算设计，正如他自己所说的：“学了这两门知识，好像长了火眼金睛。能够把复杂的板格、框架等复杂构件的内部受力情况分析得十分清楚，大大提高了对船体结构的设计水平。”① 在此期间为了更好地学习国外的先进科技知识，他还自学俄文，学习苏联等先进的造船科技知识。

许学彦倾心于国防建设，为海军装备呕心沥血，一型型产品在其手中诞生。1960 年主管研究设计氦氧救生船，该船供海军防险救生部门使用，是一条执行特殊使命，设备机器复杂的工作船，为保障潜艇部队训练，作战安全的辅助作战舰艇，它不仅具有舰船的一般特点，还要求具有潜水、医学、水下救生、定位、氦气、氧气供应系统，更有一套极为复杂的水下救生机械设备系统。

1960 年 8 月开始技术设计，设计人员夜以继日地工作，经过 53 天的努力，提前完成了全套技术设计工作。海军召开技术设计审查会，一致认为技术设计方案满足了技术任务书的要求，并在快速性指标，钢材消耗率指标等方面达到同类型船的世界水平，同意进行施工设计。

许学彦在该船方案设计、技术设计和施工设计工作中，主要负责对该船的布置总图和线型图审定及机舱布置图的批准工作。同时对本船说明书中的“主要性能”、“船体部分”、“装置设备”、“船舶系统”、“机械部分”进行审定。技术设计和施工阶段，经他审定的技术说明书等文件和图纸有三十多份。施工设计阶段，审定总体性能及武备、船体、装置部分等技术文件和图纸 15 份，圆满完成了氦氧救生船的设计任务②。该船 1965 年 12 月 6 日开工建造，1968 年 8 月 31 日开始航行试验，证明该船总体性能良好，达到设计要求。

荣立战功的护卫艇

为了集中力量加强国防科研技术的研究和攻关，经中央军委批准，1961 年成立国防部第七研究院。同年 8 月许学彦任七院七〇八所一室副总工程

① 许学彦访谈，2011 年 9 月 5 日，上海。资料存于采集工程数据库。

② 氦氧救生船总结，现存第七〇八研究所档案信息中心。

师，1964 年 6 月 16 日任一室副主任①。作为总师和技术主管，他根据国防需要、组织攻关、加强预研，严把技术关，对提出的新问题，立足实践，从科学的角度反复研究，一丝不苟。

图 2–3　护卫艇

1958 年海军将高速炮艇的设计制造权限下放给各舰队装备部门。各舰队在较短的时间内，根据本地区的条件和特点，设计建造了各自的炮艇。

这些炮艇性能上各有所侧重，除主机外，艇上各种设备、备品、备件各不相同，不能统一订货，国家也不能安排批量生产，维修保养，部队训练难以规范，海军舰船修造部在总结 50 吨和 75 吨两代炮艇经验教训的基础上，综合各舰队、基地自行设计制造的经验，提出新艇的战术技术任务书，1960 年建造，1961 年首艇下水，但艇超重、航速未达到设计要求，同时图纸的深度和广度亦不能满足艇的批量生产的要求。为适应海防斗争需要，进一步提高艇的航速，委托七〇八所进行小型护卫艇的改进设计。

1962 年 1 月，由许学彦副总设计师带队及蔡体芬②、黄美仪③等 5 人到北京接受任务，确定艇的设计工作诸方面的一些原则问题。指出七〇八所的任务是在第一艘的基础上，做好改进设计，施工图纸要能供工厂做小批生产开工用，全部图纸在 1962 年 8 月完工，保证工厂第四季度开工。许学彦一行在北京接受任务后即去大连造船厂调查了解情况。之后又带队去东海舰队了解艇设计建造情况，深入部队了解使用情况，听取指战员对

① 许学彦人事档案：干部任免呈报表。现存第七〇八研究所人力资源部。
② 蔡体芬，中国船舶工业集团公司第七〇八研究所高级工程师。
③ 黄美仪，中国船舶工业集团公司第七〇八研究所高级工程师。

该艇的意见，为开展设计工作作了大量的准备工作。

1962 年 2 月，根据有关文件要求，许学彦、李俊清二位副主任任技术主管，蔡体芬、黄美仪、陈协文、李俊清为主办人，14 人为各专业联系人，前后有 60 余人参加此项工作。

该艇设计难度是在艇的使命任务、主尺度、线型和主机不变的条件下，要求提高航速。许学彦带领设计组全体人员在充分理解战术技术任务书要求的基础上，认识到护卫艇是海上的一支突击力量，以目标小、操纵灵活，速度快，火力强来制胜敌人。因此如何使产品满足实战要求，他们根据艇的阻力试验数据，得出若桨叶效率不变，则艇重每相差 10 吨，航速即相差 1 节。按新设计的要求只有减轻艇重，才能达到提高航速的要求。要提高航速就是要在减轻艇重或减小艇的阻力，在提高螺旋桨的效率上下工夫。

许学彦、蔡体芬等在充分发扬技术民主，发挥全体设计人员的聪明才智，大家想办法，提合理化建议，在很短的时间内就提出减轻重量的具体措施 46 项，经充分论证与计算，逐项落实，使该艇的航速达到了设计要求。

对减重的意见和建议许学彦特别重视、有的还亲自参与计算。如甲板纵桁 4 根改 2 根加支柱问题，由结构专业的陈孔时[①]提出，他在分析本艇结构特点的情况下，认为艇比较小，总纵强度只要 2 根加支柱就可以满足要求，他的想法得到了许学彦和蔡体芬的大力支持。为了说服不同意见，许学彦以科学的态度，组织结构专业部分技术人员，进行了总纵强度、局部强度、振动的计算，说明采用 2 根纵桁加支柱的方案既减轻了甲板重量，也能满足局部强度，振动方面和总纵强度的要求好于 4 根。最后请上海交通大学等所外的专家进行审查，认为采用 2 根纵桁加支柱的方案为好。既减轻了重量，也保证了艇的强度。对降低艇的重心，提高船的稳性也有好处[②]。

为了减轻艇的重量，许学彦日思夜想，由于他有民船设计的经验，想

---

① 陈孔时访谈，2012 年 5 月 22 日，上海。资料存于采集工程数据库。

② 同上。

到民船上大量使用比重较轻的泡沫塑料作为绝缘材料，提出用泡沫塑料代替原艇使用的压缩软木，但碰到的问题是战斗舰艇对材料的防火性能要求比较高，而泡沫塑料燃点低，着火后易漫延等技术难题。当时舾装联系人叶正明多次到有关工厂联系，得到厂方的大力支持，并答应作好技术攻关，解决易燃问题，最后取得成功。用泡沫塑料代替压缩软木，艇重减轻3吨。

同时总体、船体、轮机、舾装、电气、武备专业的技术人员设计过程中，在满足要求的条件下，进一步将实艇的油、水、弹药和供应品的储备量减轻了9吨；船体板厚，选用最小厚度，上甲板纵桁改用2纵桁加支柱，轮机管系设计、电气电缆布置均简化，设计中大量使用铝材等。另外为了减少艇的附体阻力，许学彦和蔡体芬进行改进设计。如舭龙骨设计严格按水池试验结果，按水线走向进行改进；4个轴托架均设计为单臂，既减小了阻力，也减轻了重量。轴支架臂伸入船体内，在穿过外板的开口处改用嵌焊厚板，而不用复板。舵杆在外板处的开口同样不用复板，以求艇体外板光顺，减少阻力等有效措施。

在螺旋桨的设计方法上，一种是按传统的苏联资料设计，螺旋桨的设计点放在新船刚刚下水，船体光滑无海生物，主机发出最高转速与最大功率点上，这时为试航状态，航速可达最高，易于交船。但许学彦认为这样设计，虽然试航时航速可达最高点，然而随着使用时间的推移，船壳逐渐附着海生物致附体阻力、摩擦阻力增加；再则试航是在风平浪静的条件下进行的，实际使用时，大部分情况会有海浪，这时增加了风浪阻力。平常航行，主机不能开至最大转速，否则影响主机寿命，经常使用的主机转速约为最大转速的0.85，螺旋桨在设计点上，其效率最高，在其他工况，效率皆将下降，因此，螺旋桨便将经常使用在低效率的工况上，甚不经济。

在两种设计思想争论不休的情况下，许学彦提请所总工程师召开民主讨论会，会上大家均同意许学彦提出的不按传统的试航状态作螺旋的设计点，而是按交船一定时间后阻力增加的状况作设计点，这是许学彦突破传统，按实际状况设计、敢于创新的斐然体现。

在设计过程中为了确保不超重，还采取了一系列措施，例如加深图纸深度，把副基座、各种装置设备的基座，管系支架，电缆夹，绝缘材料，胶水等进行详细的重量计算，基本上做到所有基座、支架等都有图纸，同时还编制了全船称重册，强调建造中的称重制度。许学彦以严谨的科学态度和认真负责的精神，严格把好每个技术环节。在整个技术设计阶段共出图纸 44 份，其中有 18 份都是由许学彦审定的。在他带领下，设计组仅用 3 个月时间，就完成了技术设计阶段的全部工作，顺利转入施工设计。

参加高速炮艇设计工作，使许学彦接触到许多苏联舰船设计指导性文件与专业标准，如排水量计算的标准，阻力计算图谱，车叶计算、总纵强度局部强度与振动计算等，此外还有苏联扫雷艇专家当顾问，使他对在军品设计的理论知识和实际经验方面得到了很多提高。20 世纪 60 年代他还学习了苏联诺基特教授所著《船舶设计原理》，对舰船总体性能理论进行了一次较为全面的再学习。在此期间，他还利用业余时间进修德文。学习使他的知识面更加宽厚，为他承担更加复杂的、更重要的、更先进的舰船设计打下了坚实的理论基础。该艇中的产品说明书，布置总图，纵剖面图、侧视图、侧影图、上层建筑及俯视图、底舱及液体舱平面图、横剖面图（型值表）、纵剖面图、水线面图，首制艇航速和螺旋桨计算书、费尔索天曲线计算书等，均由许学彦予以把关审定[①]。

该型艇在“八 · 六”和“崇武”海战中荣立战功。实战检验该高速炮艇，设计合理，性能、建造质量高。1965 年 8 月 5 日 15 时 15 分汕头水警区接到通知，距水警区 60—70 海里处发现了蒋军刚从美国买回来的剑门号驱逐舰和章江号，海上指挥员率当时在汕头的 4 艘高速炮艇和几艘鱼雷艇协同作战。5 日 21 时 10 分批准战斗方案，21 时 24 分各炮艇准备就绪，23 时抵达南澳岛。

6 日凌晨 1 时 24 分担任指挥艇的海上先锋艇雷达在左舷 30 度 50 链处发现了敌舰目标，敌舰先向我方开炮，指挥员下达命令。4 艘炮艇对敌舰前后发起 6 次攻击，敌舰章江号前后甲板一片火海，接着发出两声巨响，弹药库中弹爆炸。

---

① 中国舰艇工业历史资料丛书编辑部：《炮艇史料集》。1990 年，内部资料。

岸上指挥所接到报告后，立即给海上指挥员发电，命令炮艇追击蒋军的另一艘驱逐舰剑门号，要求他们与快艇协同作战。仅用一艘炮艇的猛烈炮火就把敌甲板火力打哑，6—7 分钟剑门号起火。5 艘快艇齐射鱼雷，命中 3 发，剑门号被击沉。此海战，共抓获包括剑门号舰长在内的 2 名中校共 28 名俘虏，取得了“八 · 六”海战击沉两艘敌舰的重大胜利[①]。

1965 年 11 月又爆发了“崇武”海战。它是继“八 · 六”海战后我炮艇在东海平潭海域与快艇又一次协同作战。1965 年 11 月 13 日 13 时 20 分，国民党护卫舰永昌号和大型猎潜舰永泰号来福建沿海骚扰，我 6 艘高速炮艇编队从平潭基地出发，23 时 14 分发现敌舰。我艇队先从永昌号和永泰号中间插过去，集中攻打永昌号，仅用 5 至 6 分钟就把甲板上的火力全部打毁。接着鱼雷艇快速击敌，永昌号尾部被鱼雷击中开始下沉，这时对永昌号进行第二次射击，永昌号沉没。

在永昌号下沉的同时，我炮艇即开始向北追击永泰号舰，使永泰号甲板上面遭到损伤。取得了击沉、击伤敌舰各一艘的战绩。

“八 · 六”和“崇武”海战均采用近战、夜战，以多胜少，以小胜大。集中优势兵力各个歼灭敌人的战术。一度曾驰名中外。两次海战均由炮艇开路，摧毁敌舰甲板火力后由鱼雷快艇冲向敌舰发射鱼雷将敌舰击沉。实战证明，在我海军技术装备处于劣势，采用目标小、速度快、火力强的小艇打大舰是一种有效的方法，同时也说明我们的炮艇设计是合理的，建造的质量是高的。“八 · 六”海战后，《人民日报》社论指出：“这是人民解放军高举毛泽东思想伟大红旗，坚持四个第一，把政治工作摆在首位，不断提高全体指战员阶级觉悟的结果，也是我人民解放军加强战备，苦练杀敌本领的结果。……我们有这样的人民军队就一定能够击败一切来犯的敌人，不管他们从空中来，从海上来，还是从陆上来。”《解放军报》社论指出：“这仗打得坚决，打得漂亮，是高举毛泽东思想的伟大红旗、坚持四个第一，把政治工作摆在首位，不断提高全体指战员阶级觉悟的结果。”在中央军委的嘉奖令中亦指出：“这次胜利是你们高举毛泽东思想伟大红

① 中国舰艇工业历史资料丛书编辑部：《炮艇史料集》。1990 年，内部资料。

旗，突出政治，坚决执行中央军委指示，加强战备，发挥我军近战、夜战优良战斗作风，所取得的显著成果。”毛泽东主席、刘少奇主席、周恩来总理都接见了参战部队的代表，并给予他们极大的荣誉和鼓励①。

两大海战的胜利，为海军的战斗历史谱写了光辉一页。许学彦及科研人员设计的炮艇被授予了“海上先锋艇”、“海上英雄艇”和“海上猛虎艇”等光荣称号。战斗结束，许学彦、蔡体芬等设计人员，多次深入部队召开座谈会，广泛征求部队意见。经设计、建造、使用三方协商，缩小甲板室，将艇长室由甲板室移位到中部上甲板的舱内，海图室移至原艇长室。1963 年 7 月，国务院批准该艇设计生产定型，并命名为“62 型护卫艇”。这是我国海军舰船史上第一次为舰艇正规定型。先后共建造 200 多艘，成为我国 20 世纪 60 年代海防战线上主力之一。1964 年，荣获国家“新产品研制一等奖”。

① 中国舰艇工业历史资料丛书编辑部:《炮艇史料集》。1990 年，内部资料。

第三章
设计万吨轮东风号

难忘的时刻

1960 年 4 月 15 日，江南造船厂门前汽车成龙、宾客盈门，厂内到处洋溢着欢迎的气氛。

中共上海市委书记陈丕显和市委书记处书记，上海市副市长曹荻秋、第一机械工业部和上海市海运局的领导等，各兄弟单位的嘉宾来了，新华社和各报社、电台的新闻记者和摄影师们来了。许学彦任总设计师的我国自行设计、江南造船厂建造的新中国第一艘万吨远洋货轮举行下水盛典。这艘万吨轮建成后从上海起航，经过太平洋、印度洋和大西洋，中途不加燃料和饮用水，就可直达英国伦敦。燃料消耗量装载量等都达到世界的先进水平。

宏伟的万吨巨轮，雄踞在高高的船台上，船台两旁彩旗迎风招展、锣鼓喧天。下午三时，中共上海市委书记处书记、上海市副市长曹荻秋为东风轮剪彩。一把银斧切断钢索，雄伟的万吨轮从船台滑道

图 3–1　1960 年 4 月 15 日下水的我国自行设计、制造、全部采用国产材料、设备的万吨远洋货轮东风号

上平稳地滑向黄浦江中……①

东风轮胜利下水，一时成了传媒关注的热点，当天晚上上海人民广播电台就作了报道，《人民日报》也用醒目标题《我国第一艘远洋货轮下水》报道了东风轮下水的消息。东风轮成功设计和建造是我国造船工业一次战略突破，它标志着我国造船工业已跨上一个新台阶②。

自力更生　自主设计

自主设计建造万吨级远洋货船是几代造船人的梦想。1918 年在江南厂下水的官府号吨位虽达万吨，但它是由外国设计的，安装的是国外的机器设备③。“一五”后期，研制万吨级远洋货船被列为国家新科技规划的重点项目。当时交通部一机部决定，建造万吨轮采取引进苏联技术和国内自行研究设计两条腿走路的方针。新中国第一艘万吨级远洋货轮在大连造，

① 上海船舶工业公司:《巨变》。2009 年，第 69 页，内部资料。
② 同上。
③ 同①。

采用的是从苏联引进的设计图纸和设备。这艘船1958年11月下水时，被赋予一个极具有时代特征的名字——跃进号[①]。

图 3–2　1958 年原苏联考察跃进号万吨轮时与设计人员在一起（前排右一为许学彦）

远洋船舶是重要的海上运输工具，许多国家都拥有强大的远洋运输船队。新中国成立后，对外贸易有了很大的增长，但远洋船队远远不能满足发展需要。据1956年统计，国内远洋运输船队的运输能力仅能承担海外贸易货运量的4%，其余均靠租用外国船解决，“一五”期间的租船外汇费用高达五亿元人民币，相当于建造40—50艘万吨级远洋货船的投资，显然，建立强大的中国远洋船队已成为迫切的政治和经济任务。苏联设计建造的万吨级民用货船，吃水深、采用汽轮机主机，不适合我国航运要求，而且全部材料、设备均需进口。因此，必须自行设计建造中国自己的远洋货船。

① 叶宝园：《自强之路——从江南造船厂看中国造船业百年历程》。北京：中央文献出版社，2008年，第201页。

中国要建造大型船舶，是许学彦和广大科技人员多年来的夙愿。他不止一次地讲，我们要用自己的双手，自力更生，设计出万吨级大船，航行于五大洋，显现中国船舶设计建造的科技实力，耸立于世界造船大国之林。

要造万吨级远洋大船！那时，外国人都用鄙视的眼光看待中国，一些外国专家曾说："你们中国底子薄，要搞万吨级远洋船，至少是第三个五年计划的事"。许学彦和科技人员就不信这个邪，都憋足了一肚子气，一定要争这口气，把中国自己的万吨轮研究设计出来。

为自行建造建造万吨级远洋货轮，1958 年大连造船厂组队去苏联考察，要求船舶设计室派一名科技人员前往，当时一机部九局第二产品设计室党总支书记武彦荣找许学彦谈话："自行设计万吨轮我们没经验，组织决定派你随大连厂到苏联考察。"在苏联四个月，他考察了造船厂和研究设计机构，广泛地接触同行专家，收集了不少资料，如"运输船结构设计方法"、"内河船船体强度计算的原理与方法"、"板的弯曲应力计算曲线图"、"高强度钢在船舶设计中的应用"等，在苏联的参观、考察使他学到了一些船舶设计上的新技术，研究设计能力有了进一步的提高，为回国后，承担国家重点产品的研究设计奠定了基础。

在西方长期封锁，尤其是后来苏联中止援助的困难局势下，中国工业发展只能走自力更生的道路，东风号是中国人首次尝试自行设计、自行建造、全部采用国产材料和设备的首艘万吨级远洋货轮。1957 年 2 月，一机部九局向第二产品室布置万吨级船舶设计任务和研究工作，消息传来，恰如一阵东风掀起碧海万顷巨浪，研究室沸腾了，广大科技人员争先恐后地要为建造万吨轮出力。当时参加万吨级远洋货轮预研工作的主要人员有张景诚① 和彭惠平②，他们对远洋货轮的总体性能、动力装置等做了大量的研究，上海造船学会也要求会员，为自行设计中国的万吨级远洋货船收集资料和做好研究，这些资料和论文对研究设计我国第一条万吨轮极具参考价值。1958 年第二季度，以张景诚和彭惠平为主进行了草图设计和动力装置论证，提出修改技术任务书的意见，上报审批。

---

① 张景诚，中国船舶工业集团公司第七〇八研究所高级工程师。

② 彭惠平，中国船舶工业集团公司第七〇八研究所高级工程师。

许学彦苏联考察回国后，组织任命他为船舶产品设计二室一科副科长，不久又任命他为东风轮总设计师。他深入实际，了解研究设计进展情况和遇到的问题，召开座谈会，分析难点，针对问题组织攻克。

1958 年 7 月，交通部远洋运输局审查批准了修改后的万吨载重量柴油机远洋货轮设计任务书。7 月 24 日，远洋运输局与一机部九局二室签订了委托设计合同。许学彦和彭惠平带领全体参加设计人员，把初步和技术设计两个阶段合并进行。在当时大跃进的政治形势及超英赶美精神鼓舞下，设计周期一再缩短，最后压缩到三个月，完成设计工作，同年 10 月 24 日至 27 日，一机部九局和交通部远洋局在上海联合召开技术审查会。一致认为设计基本满足万吨级远洋货轮的要求，在快速性、装载量、钢材消耗、全船燃油消耗量四大指标都赶超英国水平。11 月许学彦带领设计班子按照要求进行修改技术设计。

1958 年 11 月 15 日江南造船厂与二室签订委托施工设计合同。12 月，一机部、交通部联合批复指出，万吨级远洋干货轮作为发展我国远洋及海外贸易的重大产品，已列入作为国庆十周年献礼项目之一。许学彦说，全体参加设计人员在大跃进精神鼓舞下，经常加班加点到晚上十一、二点，第二天照常上班，有的女同志把小孩从幼儿园接到办公室就睡在绘图台上，自己照样加班工作。当时的领导二室党委书记武彦荣，也和广大技术人员一起加班，经常到办公室来看望大家，晚上把晚点心送到在办公室加班的技术人员手中，反复催促大家回家休息，领导的关心使大家都很感动。全体设计人员不怕苦不怕累，克服了各种困难，仅用 100 天的时间就基本完成了施工设计①。1959 年 1 月由许学彦和彭惠平带领 50 多名科技人员下厂设计，进驻江南造船厂进行“三结合”补充图纸绘制。工厂于 1959 年 1 月开始放样，同时对重大关键技术项目和配套设备组织专题研制。1960 年初东风轮上船台，船台周期仅 45 天，1960 年 4 月 15 日东风轮下水。设计周期之短、建造之快，创国际万吨轮设计建造之先例。

东风轮是中国自行设计、制造的第一艘万吨级远洋货轮，不仅尺度属

① 许学彦访谈，上海 . 2011 年 9 月 6 日，上海。资料存于采集工程数据库。

国内当时最大，而且采用很多新材料、新设备、新技术、新工艺。是全国大协作的产物。

万吨级远洋货轮是一座巨大的海上城市，它的设计建造是一个国家技术水平、工业水平的综合表现。东风轮是我国自行设计、建造的第一艘万吨级远洋货轮，是一项开拓性的创新工程，它的成功设计建造填补了我国在这方面的空白，结束了我国不能自己设计建造万吨级远洋货船的历史。

参加该项工程的专业技术人员仅二室就有60多人。最早采用的主尺度总体方案是由张景诚、许学彦等人提出的，许学彦、彭惠平领导了初步设计，技术设计和施工设计及下厂设计的全过程。许学彦于1960年3月调到船舶设计院一室后由彭惠平、许富良任主办、戴经武任副主办，许富良调所部技术科后由彭惠平、戴经武任主办，完成了修改设计、试航、交船等工作，他们对东风轮都做了大量的工作，解决了许多的技术难题，为东风轮的成功设计、建造作出了重要贡献。

群策群力　攻克难关

东风轮主要技术难题能否攻克，依靠自己的力量能不能设计建造出万吨级远洋货轮？从当时的情况来看，条件确实比较困难。我们没有设计过万吨轮的专家，也没有一支有经验的设计队伍，参加设计工作的都是刚从学校毕业不久，缺乏设计经验的年轻人，他们平均年龄不到25岁。此外，也没有一套完整的可供参考的图纸，有的只是一些外国杂志上的零星资料。在设计万吨轮的工作中，许学彦及其团队解决了诸多的技术难题。首先，遇到的困难是航速问题，就是如何确保航速达到17节，为此他们优化线型，减小船的阻力。委托船舶科学研究所对万吨轮线型进行优化研究，并对多条船模作了水池拖曳阻力试验。在短期内设计出了适合东风轮任务书要求的航速与载重量的主尺度和比较瘦削光滑的流线型。经船模试验其阻力均小于其他国外同类船型，获得成功。

其次，优化螺旋桨设计提高推进效率。许学彦与科技人员设计的螺旋桨采用了环流理论设计法，在主机马力不变的情况下，提高了推进效率增加了推力，达到设计要求。

第三，优化机、桨、舵的配合。降低船体附体和舵的阻力，许学彦协调总体、舾装、轮机三个专业，研究设计了四种型式的舵，经过试验，选用了流线型平衡反应舵，降低了阻力取得了比较好的效果。

第四，优化轴系设计，提高主机功率利用率。特别是大胆采用滚柱轴承和液压套筒联轴节。在彭惠平的指导下，解决了液压套筒联轴节的计算方法、轴系振动计算和滚柱轴承的选用和轴承座等问题。液压套筒联轴节的计算通过轮机组的努力和有关钢厂对过盈配合的研究，最后定下一个计算方法（到目前为止这一个计算方法仍在应用），后两个问题在请教苏联专家以后，参考了苏联尼古拉也夫写的轴系设计一书上的图谱和简易振动计算方法（后在七〇八所编制的设计手册上均予以采用）。采用这种轴系型式可以提高主机功率利用率 2%—3%，大大提高了机械传动效率。采用这种轴系型式我国从来没有设计过，计算资料一点也没有，对于摩擦系数应选用多少没有把握，因此首先进行了 100 毫米的模型试验，取得了数据，之后又进行了与实物尺寸相同的试验，并与工人一起研究解决了工艺制造安装问题。

第五，降低船体重量。是提高航速及增加载重量的重要途径。而减轻船体重量的有效办法就是采用高强度低碳合金钢，当时采用高强度低碳合金钢不仅在国内是首次，英国劳氏规范，苏联等世界著名船级社的造船规范都只能查到普通钢的使用规范。因而在设计中对如何换算由采用普通钢到改为高强度低碳合金钢就成了一个技术难点。许学彦 1958 年在苏联考察时。列宁格勒设计局一位苏联专家送给他一本关于高强度低碳合金钢如何应用在船上的资料，他将一些原理用在东风轮设计上。使船板减薄，空船重量亦随之有较多的减轻。整个船的性能亦提高较多。许学彦认为提高航速，除船的强度外，还要考虑船板的腐蚀裕度和船体的刚性，不能完全按屈服点比例减薄。许学彦凭其扎实的船体结构力学和船体强度理论知识，结合自己多年从事船舶设计的经验，将船的强度、刚度、腐蚀三者兼顾起来，决定船板厚度采用乘以换算系数，再增加厚度的方法，实践证明这一方法提高了船的刚性和船体抗腐能力，而且还减轻了船体的重量。东风轮建成后船体刚度的实际情况验证，若照搬苏联书本上二种钢屈服点比例换算出来减薄，将会造成船体过度柔软而不能安全使用，国家将遭受巨大损失。按许学彦意见增加船体板材厚度是多么的重要。

由于全船采用高强度低碳合金钢，ST—52 比普通 CT—4 钢大大降低了船的自重，全船的重量减轻了约 500 吨，约占船体重量的 20%。由于船体重量减轻，使船舶装载量、快速性、钢料消耗等指标得到了很大提高。

第六，采用按最小干舷船设计。提高 DW/Δ 指标。一般以设计二种吃水为最合适，即装舱容大的货时用正常满载吃水，装舱容小的重货时用超载最小干舷吃水，二者的差别，只不过结构要按照超载吃水计算，重量略增，但多载货的数量却较大，收益甚多。如东风轮按最小干舷吃水 9.35 米计算，结构重量增加约 70 吨，而载货量增加约 2000 吨，取得了每增加 1 吨钢材就能多载 2000/70=28.5 吨的货物。而原钢料总重约 2650−70=2580 吨，装万吨货平均每吨钢料装 10000/2580=3.87 吨的货，可见按最小干舷设计增加 1 吨钢料而增加的载货量是原每吨钢料载货量的 7.35 倍。在整个设计过程中，许学彦每每夜不成寐、反复思考，做了大量的理论计算和方案比较，采用了最小干舷设计，使东风轮的整体性能载货量，钢材消耗量有了较大的提高。

第七，调整货舱设计。将原来货舱数量减少了一个，使得舱容分配较均匀，并省掉了四套起货设备与一个人字桅，使原业主只要求一个 15 米长的舱口增至三个。机舱布置，为了增加载货量机舱尽量压缩，许学彦反复与轮机专业技术人员协商，多方案论证比较，求得最佳方案。其单位马力容积指标达到 2.51 匹 HP/m^3，单位长度指标达到 5.59 匹 /m，单位面积指标为 27.7 匹 HP/m^2，均较先进。

主机采用国产重型低速增压柴油机，并采用重量轻占地少的新式增压柴油机为发电机组。采用了新型废气强制循环水管锅炉组，充分利用主机废气废热产生蒸汽驱动蒸汽透平发电机、利用主机冷却水的热量来加热燃料油，提高废气废热的利用率节省燃油，降低费用，效果明显。为了使东风轮达到国际先进水平，许学彦说研究设计中除解决上述问题外，还采用了许多新技术、新设备，新工艺都取得了比较好的效果。

东风号是全国大协作的产物。完成这样大的工程靠的是在党中央领导下，全国不同行业、不同企业、厂所、院校、中央机关各部门通力协作。船用高强度低碳合金钢材，是冶金部钢铁研究所与鞍山钢铁公司共同研究成功，由鞍钢生产的。船用主机是上海沪东造船厂试制的中国第一台 8820 匹马力的低速柴油机。船用电罗经是上海航海仪器厂试制的中国第一套电罗经。其他船用辅机、仪表仪器等配套设备的协作单位涉及全中国 18 个部、16 个省市所属的 291 工厂和院校，这些协作单位为东风号提供了 2600 多项器材和设备，其中包括 40 余项新试制的船用产品。东风号下水后，因船用主机及主要设备不能到货，陷入船等机的尴尬局面，结果，曾经万众瞩目的东风号在黄浦江里一泡就是五年之久。

1962 年 8 月，国家科委在北京召开交通部、三机部等有关单位参加的联席会议，就东风号试制的设计、设备配套等问题作了研讨。会议决定适当降低原设计的技术经济指标，配套设备以国产为主，适当采用少量的国外产品。经国家科委审查决定，立即着手修改技术设计，成立技术鉴定工作组、设备配套工作组和 8820 匹马力柴油机技术工作组。1963 年 2 月，技术设计的修改工作全部完成；1964 年 7 月，施工设计已基本完成，配套设备已大部分落实，安装施工继续进行。1965 年 6 月，沪东造船厂制造的 8820 匹马力船用低速柴油主机运到江南造船厂。该机重达 400 余吨，当时江南造船厂还不具备整机吊装的条件，经技术人员和工人师傅多次研究，最后定出拆装方案，采用将柴油主机分成三大件，在吊杆船前舱压载水，将主机稍加横倾的吊装方法，完成了主机的吊装任务。①

1965 年 8 月，东风号的机舱辅机和设备进行系泊试验，获得成功；10 月，8820 匹柴油机以及所属辅机和设备码头试验提交完毕，各种制冷机以及附属辅机设备也结束了系泊试验，提交验收。10 月 5—15 日，东风号在长江口进行轻载试航、技术鉴定工作组成员随船试验，多次进行技术检

① 叶宝园：《自强之路——从江南造船厂看中国造船业百年历程》。北京：中央文献出版社，2008 年，第 205 页。

查和分析，认为从轻载试航的技术状态来看，东风号已具备重载试航的条件。同年12月14日，东风号离开上海港在长江口调整导航仪器试验；15日离长江口北上；16日下午到达青岛。在青岛载货9806吨、油684吨、淡水1184吨，吃水平均为8.46米，排水量为17082吨，符合重载试航要求。在国家验收委员会成员的主持下，东风号于20日离开青岛出海进行各种试验，至28日，各项试验结束，返回上海港卸货。试航途中，两次遇到9级强风，但仍全部完成国家鉴定大纲所规定的试验项目。船速达到17.3海里/时，超过了原设计16.65海里/时的要求。技术鉴定工作组经过认真细致的鉴定后，认为东风号的设计和建造是成功的，主要性能及质量是优良的，可以交付使用。1965年12月31日，东风号竣工交船。翌年，经国家船舶检验局检验，它的快速性、装载量、钢材消耗量和机舱长度等指标都达到了当时的国际先进水平[①]。

许学彦说："东风号远洋货船的研制过程充满艰辛，它在自力更生时代所扮演的角色是无可替代的。在它身上，凝聚了一代中国造船广大科技人员和工人自强自立、自主创新的理想和追求，没有亲自经历那个特殊年代的人是很难完全洞悉它的精神魅力的。这艘船也是我学术成长的一个关键点。东风号远洋货船的研究设计，使我学到许多东西，为以后研究设计大船奠定了基础。"

骄人的成果

东风号建成后，得到国家领导人的高度评价和海内外各界人士的热情祝贺。1966年5月6日，国务院总理周恩来陪同外宾到东风号参观，对东风号予以热情赞扬。美国黑人领袖罗伯特·威廉参观后激动地说："这艘中国自己造的船，不仅是一个巨大的物质成就，而且通过它还可以看到中

① 百度百科：东风号。http://baike.baidu.com/view/1152455.htm。

图 3-3　上海市委第一书记陈丕显（右一）在出席东风轮下水典礼后，与江南工人在一起

国人民的创造精神和能力。”一位非洲国际友人赞叹道：“在用毛泽东思想武装的中国工人面前，无论多大的困难都是可以克服的。”东风号在航运中，每当船到一个港口，当地的侨胞纷纷来船上，踏上祖国这一方热土与祖国亲人相见。他们看到东风号船，激动地说：“我们华侨就盼望祖国早日富强啊”！东风号的建造成功，开创了中国自行设计建造万吨级船舶的先河，给造船工业带来蓬勃生机[①]。

东风轮交船以后，在国内开始航行试运营两年。1966 年 3 月首航上海至大连。1966 年上海—大连、大连—上海、上海—秦皇岛等地满载往返，共计运行 3 万余海里，运载 30 余万吨货物和二万余人。在此期间，设计室作了较长期的性能及使用效果观测、各种专题科研试验。在运营中，主机正常，机电设备基本良好，吊卸设备无重大问题，重载时航速 17.3 节。1967 年 2 月 20 日正式发给东风轮国家验收证书。经报周恩来总理批准后，于 1968 年起行驶中—日航线，1970 年开辟中国—加拿大温哥华航线。到

① 叶宝园：《自强之路——从江南造船厂看中国造船业百年历程》。北京：中央文献出版社，2008 年，第 206 页。

图 3-4　东风号实船图

1975 年，经过十年营运实践，证明该船性能良好，为完成国家外贸任务和增进各国友好往来做出了贡献[①]。

东风轮按照我国船检局的最高级 ZC1 级进行设计，能载运一般包装货物、散装货物、部分植物油及冷藏货物、大型机械设备，能航行于行世界各大洋，中途不补充油水可连续航行 12000 海里，与世界同类型货船相比，是比较先进的。东风轮研制成功，标志着中国造船工业跨上新台阶，填补了我国设计制造万吨级远洋货轮的空白，为我国以后设计建造万吨到几十万吨船舶奠定了坚实的基础。许学彦等广大专业技术工作者造船工人的为此做出了贡献。

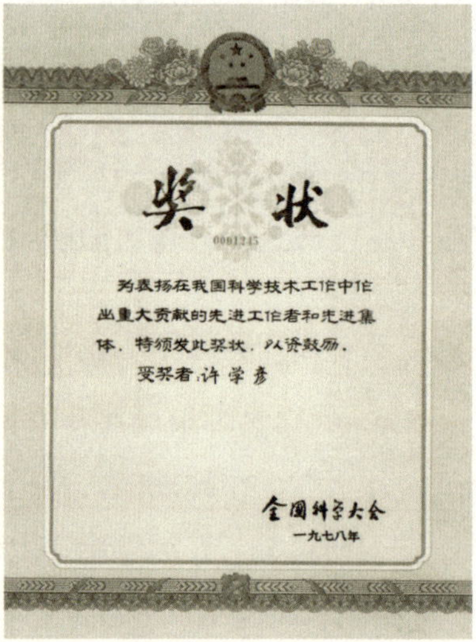

图 3-5　1978 年许学彦获得全国科学大会奖奖状

1978 年东风轮荣获全国科学大会奖。2005 年至 2006 年，由国防科工委、交通部、中国船舶工业行业协会、中国造船工程学会、中国船东协会等 14 个单位共同组织新中国成立以来我国自行设计、建造并在社会、政治、经济、军事、科技、文化以及航海事业、海洋开发、船舶工业发展等方面产生过重大影响和作用的船舶，在推荐的 100 多艘舰船中，最终评选出中国十大名船，东风轮排名第一。

① 叶宝园：《自强之路——从江南造船厂看中国造船业百年历程》。北京：中央文献出版社，2008 年，第 206 页。

第四章 航天测量 远望苍穹

1980年5月18日，我国第一枚远程运载火箭从西北沙漠深处腾空而起，飞临太平洋上空。此时悄然行驶在预定海域的远望测量船，承担远程运载火箭在预定海域运行的测量任务。它犹如张开的巨网，准确捕捉目标，圆满完成了测量任务。这标志着中国成为继美国、苏联和法国之后，世界上第四个能够自主设计建造航天测量船的国家。实现了我国航天测量从陆地到海洋的跨越[①]。

图4–1 远望一号航天测量船

我国第一枚远程运载火箭发射成功的捷报从电波中传向，整个世界守候在电视和收音机旁的参加航天测量船研制和建造的广大科研人员、工人

① 中国舰艇工业历史资料丛书编辑部：《航天测量船史料集》，1992年，内部资料。

欢欣鼓舞，奔走相告。作为远望号测量船的总设计师，七〇八所总工程师许学彦心情格外激动。回顾过去十多年的研制历程，他百感交集。自己没有辜负党和国家对自己的培养和信任，对得起充满甜酸苦辣的日日月月。成功来自于辛勤的耕耘，成功来自于奋力拼搏，成功来自于设计团队的勇于攀登和创新。

接受特殊使命

战略武器的发展以及航天科学技术，离不开测控通信网的支持。当历史步入 20 世纪 60 年代，卫星、洲际导弹、航天飞行器及微电子技术的新突破，仅仅限于本国领土范围内已经不能满足各国航天技术的发展空间飞行器全程飞行试验的要求。于是试验距离从陆地延伸到了海上，选择海上试验靶场。苏联早在 1956 年、美国 1957 年开始，先后用旧船改装成单一任务的测量船，乃至后来开始研制全新的综合测量船。美国建立了太平洋靶场舰队和大西洋靶场舰队，苏联建立了归属符拉迪沃斯托克（海参崴）的太平洋靶场舰队，把测控通信网从陆地延伸到海上，扩大了战略武器和航天技术的试验范围。

航天测量船载有众多为了跟踪测量火箭、卫星和航天飞行器的高新测量通讯设备，被人称为海上科学城。它的主要任务是跟踪和遥测各种中、远程导弹、卫星和飞船，精确测定其落点，回收弹头锥体、卫星仪器数据舱和飞船座舱等。航天测量船的活动范围大，工作时间长，所以吨位比较大。目前世界上在用的航天测量船的排水量大多是 1 万—5 万吨级，续航力为 16000—20000 海里，自给力高达 90 天以上。航天测量船的显著特点是装载庞大的航天测量系统，直径 9 米、12 米和 25 米的对空搜索和遥测遥感雷达天线林立，这也是航天测量船最明显的外部标志。导航、通讯、控制指挥等系统都集中了各专业的前沿技术，核心的遥感测量系统、信息处理分析系统更是应用了尖端技术。

1964 年 10 月 16 日，我国第一颗原子弹成功爆炸，举世震惊。两年零八个月，又成功爆炸了氢弹。中国人手里从此有了反制核讹诈、核威慑的力量。但是，就好像光有子弹没枪一样，不具备把原子弹、氢弹投送到万里之外的能力，就不能形成真正的战略反制力量。发展远程运载火箭的任务迫在眉睫！

1965 年 8 月，在周恩来总理主持的中央第十三次专委会会议上，钱学森等专家提出了发展运载火箭的初步设想。然而，要把弹头投送到万里之外，到哪里去寻找靶场呢？以酒泉发射场为圆心，以一万公里为半径画一个圆，锁定了一个理想的落点，南太平洋！一个支撑着民族复兴梦想的伟大战略构想在新中国最高决策层的头脑中酝酿。根据专委会要求，国防科委组织有关部门研究提出规划。经过国防科委、海军组织有关科技人员反复论证，1967 年 7 月 18 日，国防科委向中央呈报工程建设方案。国务院、中央军委有关领导审查、中央专委审批，毛泽东主席、周恩来总理批准了这个计划①，1970 年 12 月 25 日，周恩来主持中央专委会议，初步确定测量船队的规模，并批准了测量船队的总体设计方案。后经多次调整，最后确定第一期工程规模为建立一支由五个型号共十二艘船组成的船队。包括主测量船 2 艘，远洋调查船 1 艘、打捞救生船 3 艘、油水补给船 3 艘、援潜拖船 3 艘②。这是一个树立国家形象和民族自信心的英明决策，是一个划时代的决策，承载着一个划时代的梦想。

1966 年 9 月初，时任第六机械工业部第七研究院第七〇八研究所所长李志侠将由第七研究院院长于笑虹亲点的许学彦叫到他办公室说："有项绝密级重要任务交给你，具体做什么我也不是十分清楚，你到北京院里会对你讲，要保密，不许对任何人讲"③④。9 月 8 日，许学彦奉命，带领七〇八所杨凤章、吕逢远、曲光禄三名科技人员去北京第七研究院接受任务。院科技部邱见休部长亲自向他们布置任务。许学彦回忆说："在此之

① 中国舰艇工业历史资料丛书编辑部：《航天测量船史料集》。1992 年，内部资料。

② 叶宝园：《自强之路——从江南造船厂看中国造船业百年历程》。北京：中央文献出版社，2008 年，第 235 页。

③ 许学彦访谈，2011 年 9 月 7 日，上海。资料存于采集工程数据库。

④ 戴林访谈，2012 年 9 月 7 日，上海。存地同上。

前我们什么也不知道，邱部长部署完我们才知道是‘三船’论证。当时国防科委提出要求论证的‘三船’是：破冰型南极考察船，使用者为国家海洋局；远程火箭跟踪测量船，使用者为国防科委二十基地，卫星跟踪测量船，使用者为中国科学院。感到有一种光荣感、使命感，自己下定决心，一定不辜负党和组织上的信任，一定要把这项工作做好，为国争光。”①

为了保密，他们工作地点在北京东郊通县的双桥镇，与外界隔绝。邱部长要求：可以给家里写信，但不能讲在干什么、做什么。当时生活条件很艰苦，被子铺盖都是从上海家中带去的。每天基本上是“三点一线”，吃饭、工作、睡觉。为争取早些完成任务，他们每天都搞得很晚。

许学彦和科技人员克服困难、日夜奋战，仅用三个月的时间，就完成了南极破冰型考察船的论证任务，提供了总布置图、线型图、机舱布置图及船的航速、稳性、分舱、操纵、机舱设备、电站等初步方案，还有各专业和全船的说明书。

回到所里，他们向李志侠所长汇报了任务完成情况。李所长和参加工作的同事们都觉得这项前所未有的创新船舶的研究设计，我们所应当主动请缨，由新中国船舶科研设计历史最久、科研力量最强、承担研究设计我国第一条万吨轮东风号的七〇八所来承担。于是，由李志侠所长带头与许学彦等12位最早参加“三船”论证的同志签名，上书给周恩来总理请战，要求承担“三船”研究设计任务。此信被批转给六机部，六机部将研究设计“运载火箭跟踪测量船”和“卫星跟踪测量船”任务交给七〇八所。许学彦再次受命单独去北京第七研究院接受方案论证工作。

他看到三型船的战术技术任务书，发现导弹试验测量船、卫星试验测量船有许多相似之处，如续航力要求12000海里，航速20节，自持力100天等，当时要求是在1969年建成，向建国二十周年献礼。任务重，时间紧，许学彦建议将二型船合成一型，理由是二型船主机相同、船体相同、只是测量设备有些差别，一套设计图纸，建造二艘船，不仅设计工作量可

① 许学彦访谈，2011年9月7日，上海。资料存于采集工程数据库。

大幅度减少，而且建造时省工省料，加快了进度，节约巨额资金。他还提议，不采取美国和苏联先旧船改装再造新船的方法，如果那样做周期长，不能满足我国航天和运载火箭技术发展的需要，我国完全有能力跨越旧船改造这一步，自主设计建造新测量船。同时他还提出了一份科学、合理、可行的设计任务书。

1967 年 7 月 18 日国防科委邀请总参、海军及工业部、研究院及中国科学院等单位共同研究，采纳许学彦的建议，决定将导弹靶场测量船和卫星跟踪观测船合并为综合性的远洋测量船，担负火箭海上再入段的测量和卫星海上跟踪测量控制任务。合型为“七一八工程综合测量船”。

为了集中力量研发七一八工程主测量船。1967 年 9 月，第七研究院决定以七〇八所为主体，成立“六四”工作组。任命七〇八所副所长陶子杰为组长，许学彦为副组长，不久，国防科委廿基地从机关和测量设备研究所抽调 30 多人组成预研队伍，由方俊奎任队长，上官世盘任副队长。同年 12 月赴上海，与六四工作组一起进行方案论证设计。七一八工程当时为绝密，而第六机械工业部第七研究院第七〇八研究所临近上海南京路闹市区，不符合保密要求。经七院批准，在上海市郊区的南翔镇，租用了几栋独立的三层民房作为办公地点和居住地，上海警备区派部队警卫。此时正值“文化大革命”时期，经上级批准，六四工作组不搞四大，不搞“文化大革命”，全心全意搞好测量船的科研设计。

面对难题不畏艰难

研究设计航天测量当时面临的困难是难以想象的。原第七研究院副院长，七一八工程办公室主任陈右铭用以下几句话来概括：

“一是时间长，论证讨论的时间长达 6 年，二是分歧意见多、提的要求多，三是头绪多、技术复杂。对造船工业来讲是一个挑战，那个时期我们连远洋货轮都没有碰到过。一次我带团到法国考察，问到技术细节，法国人把脚放到茶几上不理我们，半天才开口：‘技术问题很复杂，说了你们也不懂[①]。’”

研究设计航天测量船，首先船上需要装备高、精、尖的测控、通信、气象设备，相当于要把一个微型发射基地几十平方公里上布置的测控设备全部搬到一艘不到4000平方米的船上，不但要解决仪器间的电磁兼容问题，而且要解决陆上设备“旱鸭子”下水的问题，可以说是在“针尖上跳舞”，其设计难度是不言而喻的。其次当时正是“文化大革命”时期，每到关键时刻“四人帮”及其追随者都会出难题，妄图干扰否定七一八工程。另外，在“文化大革命”期间，我国行政秩序遭到严重破坏，生产管理十分混乱，国防科委、六机部、七院等上级领导机关，负责抓此项目的领导和工作人员，经常变动，有时工作处于无人管的状态。第三，当时西方发达国家怕我国强大，对我采取经济、技术封锁，我国与当时世界上资本主义国家商业往来很少，先进技术、设备不可能引进和进口，用于国防上的高新技术、高新设备西方国家更不肯卖给我们。第四，没有经验。只有几张从美国期刊中拍下的几幅外观照片，文字资料更是寥寥无几，没有任何经验可借鉴。当时的工作、生活环境比较艰苦，因为是郊区，周围是农田，办公室、宿舍是毛坯房，仅墙壁用石灰粉刷过，地面是水泥地，除了有几盏照明灯、几张办公桌椅外，其余一无所有。夏天炎热，一套房里只有一只台式电扇，各个屋轮流用。蚊虫叮咬厉害，白天办公室内也要点燃蚊香。冬天大家在水泥地板上冻得直跺脚，从部队来的北方同志，因没有暖气，许多人手生冻疮、鼻炎发作。就是在这种艰苦简陋的环境中，没有人计较，更没有人叫苦，相反，不论是部队，还是地方研究院、所来的同志，大家团结一致，一心一意干事业，珍惜能参加如此重要的国家重点工程研究，珍惜在“文化大革命”的混乱时期还有这么一个宝贵的地方可以安心工作，为国防建设做出贡献。

不懂就要学，他们广泛收集资料，从资料中他们了解到，20世纪60年代，在距地球数百公里外的太空中运行着若干人造航天器，这些航天

① 陈佑铭回忆海军718工程。飞扬军事，2012.7.15，http：//www.fyjs.cn/viewarticle.php？ id=172219。

器犹如人们放入太空中的“风筝”，而控制这些航天器的“无形之手”，就是航天测控。航天测控由各种各样的测控平台组成，直接对航天器包括运载火箭实施跟踪测量和控制，使航天器能够按照人们的要求运行和工作。

海上测量船就是对航天器及运载火箭进行跟踪测量和控制的专用船，它是航天测控网的海上机动测量站，可以根据航天器及运载火箭的飞行轨道和测控要求配置在适当海域。其任务是：在航天控制中心的指挥下跟踪测量航天器的运行轨迹，接收遥测信息，发送遥控指令，与航天员通信以及营救返回溅落在海上的航天员。还可用来跟踪测量试验弹道导弹的飞行轨迹，接收弹头遥测信息，测量弹头海上落点坐标，打捞数据舱等。航天测量船可按需要建成设备完善、功能较全的综合测量船和设备较少、功能单一的遥测船。它们除具有船舶结构、控制、导航、动力等系统外，还装有相应的测控系统。综合测量船测控系统，一般由无线电跟踪测量系统、光学跟踪测量系统、遥测系统、遥控系统、载入物理现象观测系统、声呐系统、数据处理系统、指挥控制中心、船位船姿测量系统、通信系统、电磁辐射报警系统等组成。由此可见，要建成远望号航天测量船必须集造船、机械、微电子、现代通信、计算机、光学等领域的先进技术于一体。

许学彦说：认识事物必须首先抓住其本质和特征，只有找到其特点和特殊性，才能找到解决的办法。从资料中他们认识到航天测量船是一种特殊船舶，它不同于远洋运输船。远洋运输船追求的是经济效益的最大化，时间计划性强。只要船舶安全，就不过多考虑风浪对船舶摇摆、振动的影响。而航天测量船的使命是完成海上测控任务，因此测控设备在出航前经过了严格调试，以确保设备都处于最佳技术状态，而大风浪中船舶摇摆、振动、变形都会引起测控设备误差的变大或引起接口插件的故障，因此除考虑船舶的安全外，还要特别考虑测控设备的安全，即船舶纵摇、横摇、升沉、振动。

它不同于游轮和出访舰艇。游轮和舰艇出访到达的都是重要港口，有国际推荐航线可供使用。航天测量船的测量海域远离国际推荐航线，没有现成路线可走，经常要对全新海域进行调查。面对全新的航线和全新的海域，确保船舶安全必须获取全部准确的温度、湿度、洋流、浪涌及电磁环境等数据[①]。

它不同于极地海洋考察船。极地考察船虽然航行海区恶劣，但可以通过出航时机、航线的选择避开或一次性穿越恶劣海区。航天测量船测量海区是由飞船测控任务决定的，且大部分处于中纬度地区，在海区作业时间短则7天，长则半月以上，因此遭遇恶劣海况是必然的，由于远离国际航线，一旦遭遇恶劣天气，只能自己克服，几乎不会有任何外来救援。

它不同于一般的海上作业平台。海上作业平台位于沿海浅水区、航线近。航天测量船航程远，途经复杂，敏感海区多，航行难度大。由于航程远，一次出海执行任务的时间有时长达百天以上，对后勤补给和人员心理素质的要求也更高。

刚开始研究论证时，参加研究的科技人员不了解洲际导弹试验的特点，基地的同志一直在沙漠搞试验，对海上情况和船舶的特点不熟悉。不懂就互相学习。七〇八研究所科技人员为基地举办海洋船舶设计特点与船舶耐波性等讲座；基地参研人员为七〇八所科技人员举办洲际导弹试验特点及特种雷达的特性的讲座。参研各单位都为七一八工程贡献力量，介绍各自研制情况，有的介绍了惯性导航的工作原理及在茫茫大海中如何自主定位，有的介绍了减摇鳍工作原理与研制情况。大家互相学习、刻苦钻研、边学边干，知识面得到扩展，对航天测量船有了较多的认识，为完成研制任务增强了信心。

许学彦作为项目的总设计师，不仅完善了方案论证和技术任务书，他还提出一整套科学、合理、可行的实现任务的技术途径。他按实船需要和国内造船厂船坞的大小确定了调查船的主尺度；为了保证船的稳性，满足测量船对刚性要求确保测量的精度，决定船体采用普通钢，纵横混合结构。测量船要防震减摇，在海上要保持稳定，许学彦根据螺旋桨叶片越多，振动越小的原理，提出采用5叶螺旋桨，这在国内还尚属首次。装折叠式减摇鳍和减摇水舱。在船尾装定向自动舵，船艏装侧推装置。加装

① 中国舰艇工业历史资料丛书编辑部：《航天测量船史料集》。1992年，内部资料。

1000 米长的深水锚并选择了主动力机型。船上有 4000 多平方米安装各种试验测量设备的空间，装有上千台电子、机械、电气设备，他制定了一个船用条件，包括电制三相三线、屏蔽接地、采用上下加侧固定，连接件、电插头、空调、冷却水、烟雾、门窗、环境保护标准。船用条件的制定，不仅规范了协作厂家的制造标准，满足本船的需要，也为后来陆上产品船上使用起到了指导作用①。

在许学彦的指挥下，六四工作组在很短的时间内，完成了测量船主要参数与总体性能设计。如测量船总布置方案、球鼻首与快速性的试验、舰船抗 12 级风稳性计算方法、测量船适航性估算与试验、测量船回转装置首侧推与主动舵联合转向装置、减摇装置防摇鳍、主动式减摇水舱和深水定位锚、打捞快艇和打捞数据舱、充放气球的安全性、测量船总振动计算方法、船体建造公差与校准平台精度、主动力装置和主发电机组和主机与电站控制系统的选型和论证、大型空调及大型冷库与臭氧防腐、测量船导航系统、通讯系统、防电子设备互相干扰电磁兼容性等三十几个专题的研究论证。这些技术问题，是其他一般舰船所没有的。要完成七一八工程，首先必须解决这些问题。

攻克难关不仅需要有勇气和热情，更要有对事业的忠诚和科研实力。为了完成“七一八”这个国家重点工程，许学彦和许多同志放弃休息，有时晚上干到深夜，一心一意地扑在工作上。对测量船缺乏知识，他们就四处寻找点滴资料。对得到的资料，大家就认真学习研究。测量船对稳定和刚度有特殊要求，他们就分工钻研这方面的理论；为了选择适当的设备，他们跑遍了除西藏、新疆、青海、宁夏和台湾以外的全中国。前后出差 1000 人次以上。那时正是“文化大革命”时期，出差生活条件差，加上社会秩序乱、治安差。许学彦和科技人员冒着危险出差，他曾在隆冬季节到松花江上调查雪橇，炎夏季节到酷热的南方选择可改装的船只，大家怀着一个共同心愿，为强我国威、军威，一定要把七一八工程中各型舰船搞出来。

许学彦说：忆往事，步履艰难，有时会给人以后怕。一方面，这种类

① 戴林访谈，2012 年 9 月 7 日，上海。资料存于采集工程数据库。

型船，国内没有搞过，当时世界上仅有美国、苏联和法国拥有，但对我们严格保密。特别要把五十多种天线（最大天线直径 9 米约 80 吨重）全部集中在长仅 190 米的船上，要求电子设备工作时不互相干扰，这些设备又要在经常刮起大风大浪的海洋中，在始终摇摆不停的船舶上，保持精确地工作，而且它们最有价值的工作时间是以“毫秒 ”来计算。要求具有这种特殊工作特性的测量船，任何时刻，绝对不能出意外。而且要一次成功，谈何容易！另一方面，这种类型船一艘耗资要 3 亿多人民币，两艘约 6 个多亿，指的是 1978 年造价，如果造出的船不能完成东风 5 号洲际导弹等试验任务，不仅在经济上受到严重损失，政治上的影响更无法估量。在“文化大革命”那个动乱年代，对于个人很难想象会受到何种遭遇。①

为解决航天测量船研究设计中碰到的难题，根据中央专委关于该船的定位是保证我国洲际导弹、潜地导弹、反弹道导弹、尖端武器全程试验的观察、遥测和安全控制；负责保证我国载人飞船、人造卫星的跟踪、观测和海上回收；负责试验海区的安全保障，指挥通讯、联络、海洋水文气象调查和后勤供应、打捞救生的定位。许学彦带领大家认真分析研究，逐一破解技术难题。

该船为钢质、长上层建筑，中后机，单螺旋桨船。为满足平行测量要求，许学彦在该船的总布置上将测量、控制、导航定位、通讯、气象设备，均布置在纵中剖面线上。精密测量设备布置在靠近摇摆轴线。为减少振动对电子设备的影响，该船采用汽轮机和汽轮发电机组。首尾采用大舷弧和大外漂线型，其目的是防止甲板上浪及大幅度升沉。

该船的结构为四级冰区加强，可适应南北纬 60° 以内安全航行。尾部设有直升机降落平台，总长 190 米，型宽 22.6 米，相当于 11 层楼高。该船自给力强，不靠任何港口补给，可绕地球一周，因此该船除两极外，可在地球上任何海域工作。

该船是中国自行研制的第一代综合性海上活动跟踪测量船。它具有雷达、光学外弹道测量，高空气象探测、天气预测预报等多种功能。技术水

① 许学彦：远望号航天测量船总结，现存第七〇八研究所档案信息中心。

平及其装备与性能较先进。汇集了我国自然科学和技术科学多方面的新成就，代表了我国 20 世纪 70 年代造船、电子工业的技术水平。

该船稳性好，可在 12 级台风下安全航行。一旦发生意外，任何相邻两舱破损进水后不会沉没。船上装有两对收放式减摇鳍、首定向装置、尾主动舵和自动舵。因此在大洋里定向航行，自动操舵，其航向偏差 ±1° 以内。该船可以就地以 24° / 分的角速度回转。

该船的居住条件、生活设施也是当时国内现有舰船中最高标准。增加了舰员们的心神愉快感，减少了在船上工作的疲劳度和呕吐等不适感，若想很好完成科学试验，首先应具有很平稳的试验基础，多品种的能源，灵活的操纵性与机动性以及宽敞的试验工作空间等一系列特殊要求。这一切都由船舶系统保证实施，其主要保障手段如：大容量的首定向装置（也称侧推装置），采用变螺距桨。实船使用证明，利用该两种设备，可使 2 万吨级船舶在 4—5 级海况下使船舶的方位角稳定在 ±5° 以内。这是跟踪测量船应具有的重要特性。否则各种电子测量设备工作视场明显缩小，甚至会造成试验的失败。

吨位再大的舰船，相对于浩瀚的大洋而言，仍是沧海一粟。在大风大浪中，船将摇摆不停，这对于跟踪深空里的高速飞行体是极困难的。有时出现一点差错都可能会造成试验的失败。因为被跟踪的目标甚远，一般在 4000 公里以上，有的深空作用距离为 592000 公里（如美国的先锋号），而试验目标（飞行体）一般都以第一或第二宇宙速度飞行（7.9—11.2 公里 / 秒）。因此测量跟踪船最有效工作时间不超过一个小时，一般约 30 分钟，最有价值的跟踪时间约 10 分钟。在这样短的时间内既要抓住目标，又要跟踪目标，对舰船在海洋中的稳定性是个特殊的技术要求。

该船要有足够量的空调、冷藏设施。这是现代化的一个重要标志。有些电子设备不仅要有常规的空调而且还要求自动恒温。因此该船装有超大容量空调机。它相当于大饭店的制冷能力。由于该船自带和自制淡水量很大，为解决无菌饮用，乃采用臭氧淡水处理装置，保证了舰员长期在海上生活的健康。测量与控制系统，是完成测量任务的重要手段。通过该系统对飞行目标进行弹道测量、参数遥测、指令控制、数据处理及指挥调度等。船上有精密测量雷达。能够测量飞行目标的外弹道，目标反射面测量，还能引导其他设备。它对信标式作用距离可达深空，角精度不超过一密位，测距精度量纲为米。

船上有激光电影经纬仪。主要测量外弹道和目标姿态。激光测距是一种新技术，在该船上首次使用。综合遥测系统，这是振子天线和克赛洛伦天线的复合体。可以两种波段在一个天线上同时使用。天线尺寸也很大，主要用于导弹内部参数测量和目标径向速度遥测以及引导其他天线。由于它的波瓣很宽，捕获能力强，因此一般用它先捕获目标，通过计算机，再引导船上其他测量设备跟踪。作用距离都是几千公里。船上双频测速引导仪，由多根交叉振子和网状圆形反射盘组成，主要用于飞行目标测速，同时引导其他测量雷达。挠曲变形测量系统是由光学系统和电学系统组成。它能直接测量与惯导左右相邻的两个测量雷达处的船体在波浪中的变形量，并实时地把测得变形量和挠曲量，输入计算机中进行修正。其测量精度为角秒级。这是我国造船界从来没有使用过的技术。船上中心计算机是测量船的心脏、信息中心、数据库。每船装有双功能、自动切换的大容量的电子计算机两台，以及相应的外围设备。

控制指挥中心是全船的司令部，整个“海上科学城”的行动命令均由控制指挥中心发出。它由上百门的指挥调度台、指令控制器、密码仪、自动记录仪、光笔、荧光屏、计算机和控制监视设备等组成。为保证大量的数据、信息快速传输，并作到万无一失，该船的通讯系统是国内舰船中最复杂、最庞大、最繁多的。若想保证准确无误地完成测量任务，通讯系统必须具备同时能够完成测量船与岸上发射中心，与岸上指挥中心，与遥测直升机，与打捞快艇、与编队的其他舰船的通讯、数传等勤务，船内部的各个测量设备，各个工作站位也要实现同步指挥调度、控制监视、数据传递。通讯手段有远距离的大功率的短波通讯、甚长波通讯、超短波通讯、中继通讯及卫星通讯、标准钟。上述手段可以互相补偿；做到全天候，全地球的通讯。

该船是整个气象预报系统中的一个气象站，它能及时提供该船位置的高空气象参数。它由气象雷达、探空仪、氦气球高空施放系统、云图接收机及无线电气象通讯设备、百叶箱、风速仪等组成。为打捞与存放数据舱、营救宇航员，该船具有一定的打捞救生能力。船上设有打捞救生快艇、液压折臂式起重机、直升机降落平台、指挥塔、及相应的指挥通讯系统。总之，为实现该船的主要使命，不仅把陆地上的航天测量技术成功地运用到海上的舰船上，而且还把舰船与航海技术应用到航天测量技术中去。船上共装有54部天线，为保证各测量设备的安装精度，近百吨的大型雷达天线基座表面水平精度达到2—6角分，这在我国造船史上还是第一次。在各测量设备调试过程中，为保证各测量设备的光轴和电轴零位标准，船在进坞坐墩时，船底置平度达到3角分，这也是我国造船史上第一次。在不到200米长的船上，大小天线、可调天线林立。电磁干扰在这个有限的空间内，必然是个突出问题。为此该船采取了特殊的防电磁干扰屏蔽措施和特殊的安装工艺，解决了电磁兼容性问题。这也是国内造船首创；实践证明，这些均收到良好效果。

八大难题逐一攻破

“远望测量船”在研究设计建造过程中，碰到许多技术问题，许学彦和设计组全体同志根据船的特点和技术要求，在有关单位配合下，他们在艰难摸索中，总结经验、刻苦攻关、大胆创新。测量船视角要一致，就把所有测量设备垂直排列，要减少船体晃动，就在船的两侧安装伸缩式减摇鳍，防止船体变形用韧性更强的碳素钢替代合金钢，降低噪音不用柴油机改为蒸汽轮机……许学彦靠集体智慧带领团队攻克了八大关键技术难题，保证了测量船研究、设计、建造、试航的顺利进行。

一是测量船的总体方案。

研究设计中碰到第一个问题，远望号究竟是什么样的船，要配什么设备。航天测量船执行任务时，在极短的时间内完成全部试验任务，如对远程火箭试验而言，它的飞行速度接近第一宇宙速度，从发射场发射到落点时间缩短，作为航天测量船在海上观察，从目标自地平线上出现到溅落海面的时间，不超过 10 分钟，而落点前的最有价值的测量时间也就几秒，在如此短的时间内，既要从发射场接收大量的数据和信息，又要从地平线捕获目标，设备之间互相引导，飞行段和再入段跟踪遥测，落点测量，然后进行打捞，数据处理，信息发回，如此庞大的工作量要在半小时内完成，在总体设计上风险甚大，因此必须环环相扣，只要某一处稍有失误，就将导致整个试验失败，后果严重。许学彦带领科技人员根据各测量设备的同步工作因素，捕获飞行目标的工作视场，通讯天线的空间分集，各分系统电子设备的工作频段，信息强弱，传输电缆层次，拟订了测量设备间既有分工，又有交叉备份的方案；导航定位，通讯气象与打捞亦都有交叉备份，一种手段失败，起用第二种手段，以确保测得准、联得上、捞得到。

因此，测量船上测控系统配备了我国自行研制的单脉冲精密测量雷达、激光电影经纬仪及多载波双频段综合遥远测设备等。它可以对导弹和低轨道的卫星实施测量；采用综合体制，可以单船执行任务；设备均有较强的捕获和跟踪能力；各测量设备之间均能互相引导；导航定位采用双机和多种手段进行校准，以提高惯性导航精度。这套测控系统，以较高的概率解决了测量船海上跟踪测量的捕获引导问题。考虑到船上几百个工作舱室和电子设备的相互匹配联系特殊要求，以及动力，电站、冷藏空调、甲板机械与众多人的生活等因素，提出了平行测量总体布局方案。与此前的垂直测量总体方案进行比较各有利弊，先后召开了三次大型总体设计方案审查会，才确定了今天远望号的平行测量总体布局方案。通过三次实弹试验表明，测量总体布局方案是正确的，满足了技术任务书的要求。测量设备视野足够，捕获和引导时间充裕，便于实现数学、电子、光学三种手段互相引导，测量精度高，特别对落点测量有利，同时天线的高度相对垂直测量亦较低，对本船的抗风能力，亦提供有利条件。

二是船舶的稳定问题。

测量洲际导弹、地球卫星的轨迹，许多以船为原点，而船在海中又是不断地运动着的。如果原点对大地的坐标不准，时时在变，则即使是小数字，对数千里外的目标而言亦是失之毫厘，差之千里；由于船舶在大洋中摇摆是经常的，固定在船上的测量设备亦随之摇摆，测量设备一摆动，观测到瞬时即逝的飞行目标便丢失，测量船的任务是把远程火箭或卫星的飞行轨迹与内部物理场的数据记录下来，目标一丢失，便完不成任务，因此要求船舶极度稳定，最好与陆地一样，岿然不动。

实船采用了高度精密的卫星导航、惯性导航、天文定位、船体升沉仪等联合系统，使船位精密度满足了要求。对该船的水平航向稳定问题，许学彦在总体设计时采用了艉部主动舵和艏部转向装置联合系统。因此，该船不但航向稳定性好，操纵性亦优良。可在 30 分钟内自行离靠码头，而一般这么大吨位的船须租用拖船顶推，一次约需数千元、耗时 1—2 小时。对于船的纵横摇摆，尤其是对测量设备（主要是巨大的天线）采用三级稳定措施。一级稳定为船舶自身的稳定。本船采用了大型单板舭龙骨与二对大型减摇鳍。1980 年 5 月 14 日，在南太平洋南纬 7° 落点附近，当时涌很大，整个测量船队在不使用减摇鳍时，其他船横摇很大，而远望号横摇很小；在当地执行任务时，涌浪高、风速大，使用二对减摇鳍，给测量提供了极为良好的条件。稳定了测量设备的工作视场。二级稳定是设备跟踪复原系统。在船舶一级稳定的基础上采用稳定平台。船舶剩余摇摆角，通过稳定平台使测量设备感受到摇摆角度更小一个数量级，稳定于角分级。三级稳定是误差补偿系统。设备通过伺服系统，可由计算中心输来的信号自动控制设备的方位轴和俯仰轴，稳定于角秒级，从而实施捕获目标和连续跟踪测量的目的①。

减摇鳍总设计师孟克勤随远望 2 号主测量船到南太平洋海域，执行第一次洲际导弹发射测量任务。

他回忆说，一天，涌浪像一座座会移动的灰蓝色的大山，向我船铺天盖地地压来，碰到船舷，涌浪突然耸立起来，浪击船壳发出船欲断裂，令人心颤的猛烈撞击声，船剧烈地摇晃着，由于装载直升机的船没有减摇装

---

① 中国舰艇工业历史资料丛书编辑部：《航天测量船史料集》，1992 年，内部资料。

置，摇摆较大，飞机难以起飞，取消了本区演练；这时，远望 2 号船的减摇装置启动了，4 个平方米的鳍，在控制规律作用下，像鱼儿在风浪中游动时的鳍一样转动着，产生巨大外力抗拒着涌浪对船的推力，任凭你涌浪再高，船奇迹般地被稳定下来了。这时涌浪击舷的海水被撕成蓝莹莹似水晶一样剔透的浪花，蔚为壮观。

我国第一枚洲际导弹试验时，远望 2 号主测量船处于一级战斗准备，每个人都全神贯注着自己负责的设备，如果船体摇摆大于 4°，低弹道时难以抓到目标。因此，要求减摇装置一定要保证船体稳定。14 时 28 分，导弹飞过船时，从记录仪看到船体摇摆稳定在 ±1.9° 以下。遥测跟踪目标正常，180 雷达跟踪目标正常……惯导记录的一百个波中，2°—2.1° 的波仅有 3 个，其余均在 1.9° 以下，减摇装置给测量设备提供了稳定的基础，满足了遥测雷达的苛刻要求，完成了跟踪测量任务，火箭像流星一样，发出金色的光芒，溅落在预定海域。

1982 年，我国首次水下发射运载火箭，19 号台风袭来，尽管舰队要避开台风，但仍有 8 级大风呼啸，风急浪高，据测波高达 5 米以上，海浪像万马奔腾似的，又像起伏的群山，向我远望 1 号主测量船压来，使船产生剧烈的摇摆，船长下令启动防摇鳍仪，船马上被稳定下来破浪航行，船上仪器正常运转，人们正常工作。

此时正在船上的二十三基地政委，来到减摇装置舱室，笑眯眯地说："这个装置真好，解决了人们因摇摆剧烈难以工作的问题。"接着问，"它把船的摇摆角减小到几度？"孟克勤没有急于回答，而让战士按下"停止"工作按钮，船立即剧烈摇晃起来，大家站不稳了，抓住了扶手，30 多米高的船，上层建筑摇摆幅度大得惊人，在驾驶室看，船像要翻了一样，他说"赶快开机"。战士启动工作按钮，船立刻稳定下来，他握住孟克勤的手说："你们为部队研制了好装置，谢谢！"孟克勤内心甜滋滋的，因为这是我们花了近十年辛勤劳动换来的成功，工作创造的"效益"被人理解了、认识了[①]。

---

① 中国舰艇工业历史资料丛书编辑部：《航天测量船史料集》。1992 年，内部资料。

三是高精度的导航定位系统。

主要测量设备要求在同一水平线上。导航定位是航海事业的重要技术。一望无际的大洋里，舰船在地球坐标系中，是一个移动着的质点，为了保证本船的既定航向和在地球上具体坐标，就必须时刻知道自己的精确位置，从而引导舰船向既定的方向前进。测量船相对于地球，地球又相对于太阳系。而被测量的高速飞行体，又是太阳系中一颗高速运动着的质点。因此测量船与地球的相对位置，也必须实时的被测出，并输入中心计算机中贮存。

该船采用了当代航海学中最新手段，即首先采用惯性导航设备两套。它利用陀螺理论和加速度计敏感元件，通过积分进行实时测量船在海洋中的横摇、纵摇、航向、水平基准以及其他运动参数，并通过计算机进行船位姿态的解算和显示。第二种手段为卫星导航设备一套。当时利用美国子午仪导航卫星即海军导航卫星系统。5 个导航卫星，4 个地面跟踪站和一个中心，两个注入站，一个时统中心组成。该系统具备全球性、全天候、高精度的优点。第三种手段采用天文经纬仪。它被安装在稳定平台上，白天观察太阳，晚上观察星星进行定位。该船所采用的导航定位系统，是国内舰船最先进、最齐全的。到目前还没有其他舰船能与它媲美；在国际上，也是相当先进的。

船体是弹性体，受到浪的作用，会产生挠曲变形，测量设备分布在 190 米长的甲板上，从微观看，每个设备间的垂向相对位位置是随机变动着。但是，测量则要求其在同一水平线上，否则基础不一，测量得的数据不好比较，原点的细微变动，对测量的数据均有极大影响。因此，对船体变形的允许量提出严格要求，这在我国造船史上还是第一次遇到。许学彦及科技人员在船体结构设计上做了大量的分析研究，采用多层连续甲板，碳素钢，调整船体钢材的质量分布，使获得最佳的刚性外还采用光学挠曲变形测量设备以测出实时船体变形量用计算机作修正结果，达到了船体挠曲变形计算值。本船变形量小，并不是以增加结构钢材来取得的，而是依靠精心设计计算，精益求精获得，故本船钢材重量指标也较先进[①]。

① 中国舰艇工业历史资料丛书编辑部：《航天测量船史料集》。1992 年，内部资料。

四是振动与噪音。

测量船有大量的精密电子与光学设备，要求船上提供振动小、噪音小的工作条件，否则将不能确保精度，甚至无法完成任务。因此该船采用汽轮机作动力，螺旋桨采用五叶，加以结构上的措施，达到了振动特小的要求，实测结果为国内舰艇振动最小者之一。

选用五叶螺旋桨，当时，许学彦在查阅国外有关资料时，发现国外已经用五叶螺旋桨，它旋转时空隙小，当然振动会减小。而国内当时全都采用四叶螺旋桨，经过仔细比对有关数据。五叶螺旋桨会减少一些工作效率，但他想对于减小振动作为重要目标的测量船来说，这点损耗是值得的，可以忽略不计，他毅然决然地大胆提出采用五叶螺旋桨的方案，参照国外的资料设计出图纸。由于当时在江南造船厂进行三结合设计，他说服厂方技术负责人和车间工人，说明为何要采用五叶螺旋桨，优越性在何处，得到他们的积极配合，生产出第一只合格的五叶螺旋桨，装配到向阳红 10 号船和远望号船。实践证明，效果是好的，得到了部队和厂方的认同。现在国内采用五叶螺旋桨已经很普遍，但在当时需要有一种创新精神。

噪音来源机舱，该船布置上将机炉舱置于中后部，将测量设备置于中部和中前部，使二者尽量远离，采用二道门隔离及结构覆以泡沫塑料等绝缘材料以使传出噪声大大降低。另外一个噪音来源为空调系统，传至每个工作舱室与生活舱室，影响亦甚大，通过采取的措施满足国际标准和使用要求。

五是解决电磁兼容性问题。

电磁兼容性，是指电子设备或电子系统受到电磁干扰时，仍能以一定的安全系数运行在设计水准上的能力。远望号主测量船电磁兼容性的实现，是现代科学与具体实践相结合，众多单位科技人员大力协作积极配合的结果。

舰艇装备的电气、电子设备在公共的电磁环境中，能共同履行各自设计功能的能力。简称 EMC。舰艇战术技术性能要素之一。它包含两方面的内容：第一，舰艇上的电气电子设备，具有一定的抗干扰能力，不因其电磁环境的影响而产生不可允许的性能降低；第二，该设备对其他设备不发射超过一定限额的电磁干扰量。现代舰艇，装有大功率电力系统和各种雷达、通信、导航、电子对抗、火控和作战指挥自动化系统等电气、电子设备，在狭小的舰艇空间内这些设备布置十分紧凑，并在同一电磁环境下工作。随着发射机功率和接收机灵敏度的提高、多种信息传输的增多，以及信号频谱的局限性等原因，使舰艇电磁环境越来越恶化。轻则引起设备性能减低或失效，削弱舰艇作战能力；重则可能造成设备损坏、危害人员健康、引起电引爆武器爆炸、挥发性易燃物品燃烧。为消除或减小电磁环境所造成的上述危害，保证各种设备能协调、有效地同时进行工作，须加强舰艇电磁兼容性的研究和采取适当的技术措施。

为提高舰艇电磁兼容性，他们合理选择无线电频段范围和分配工作频率，正确选择天线类型、安装位置等技术措施，实船使用证明其效能是国内最佳的。

在后来设计的其他舰船中，也运用了远望号电磁兼容设计的部分成果，并把这些电磁兼容的原则工艺和施工方法，交给了造船厂为其他军船的建造改进了电磁兼容环境。

六是特种设备的安装工艺。

大量的特种精密设备上船安装，在国内造船史上是首次，设备自身要求水平高，彼此之间又要对中看齐，为了保证各种特殊设备的安装精度，科技人员与工人师傅精心设计安装，如该船主锅炉高达 12 米，重达 104 多吨，按一般吊装方法无法完成，经反复研究，设计了一只重量轻、结构刚性大的座子，编制了严密的吊装和试验工艺，满足了水上安装，顺利地完成了主锅炉热态竣工试验，烘炉、煮炉、蒸汽吹洗等，达到全负荷供汽使用。再如侧向推进装置，特殊、复杂，因此对钢结构的强度与刚度要求特别高，特别是许多设备是国内首制的，安装时要穿通于船艏部位，由于环境狭小，施工困难，对装配与全位置焊接更是困难，进出口与船艏线型相连又复杂多变。科技人员与工人师傅一起分析研究，采用分组装焊，无余量组装合拢，结果全达到技术要求。

七是确保建造质量。

为了确保船舶的建造质量，除全部工序须经施工者自检外，还专门编制了验收的项目，仅船台安装到系泊试验阶段，船、机电专检项目就800多项，使用部门检验项目350项，航行试验项目全部须经专检和使用部门检查认可。为了保证船舶的焊接质量，不仅对焊工进行了专门考核，并以船用超声波探伤，拍了7479张片子，即使哪怕发现最小的缺陷，也进行消除，使全部符合技术要求。

八是解决试航中出现的关键问题。

汽轮机组减速齿轮箱，经过系泊磨合和第一次航行磨合后发现大齿轮艉端发现密集麻点，经制造厂用锉刀及砂皮进行修锉后，第二次航行磨合，转速提高后发现在多个齿有毛刺感，制造厂准备再造一个齿轮箱，这样一来，周期要拖半年，影响任务的进行。造船厂经过认真分析，大胆提出齿轮修正方案，经过设计人员和工人师傅的共同努力，终于解决了齿轮箱的难题，且经过几年的实际使用，证明齿轮箱情况良好①。

历经坎坷终结硕果

七一八工程中的各型船从提出到论证、预研和设计建造，由于处在“文化大革命”的动荡时期，七一八工程虽属于中央专委直接领导，但领导小组成员不断受到文化大革命的冲击，走马灯似地轮换，工程困难重重，进展缓慢②。

但在党中央、中央军委和周总理的领导下，许学彦和研制团队一起，历经坎坷、在困境中坚持工作、攻克了一个个技术难关，经十多年的努力终于获得成功。1970年6月23日，国务院造船领导小组主持召开“七一八测量船”方案审查会，原则肯定了这个方案。

海军等有关部门提出：要完成海上试验护航和打捞任务，需要研制油

① 中国舰艇工业历史资料丛书编辑部：《航天测量船史料集》。1992年，内部资料。

② 叶宝园：《自强之路——从江南造船厂看中国造船业百年历程》。北京：中央文献出版社，2008年，第235页。

水补给船、后勤供应船、打捞救生船、救助拖轮和深潜工作船等五型船。与会同志认为研制这五型船是必要的，并提出七一八工程船型多，技术复杂，协作面广，这样离散的搞，完成任务很困难。会议提议仿照〇九工程的办法，在中央专委的领导下，成立七一八工程领导小组及其办公室，负责整个工程的领导、组织、抓总协调，作为专案工程列入国家计划。会议领导小组同意将这些意见上报中央专委①。

1970年10月25日，周恩来总理在报告上批示："拟召开专委会议讨论一次，好落实"，这期间周总理曾先后三次打电话，想召开七一八工程中央专委会议，都被重要的外事活动而推移。1970年12月25日，由周总理在人民大会堂新疆厅，主持召开七一八工程中央专委会。参加者为当时军委常委成员、国务院各工业部部长，总参、海军，空军、国防科委及上海市等高层领导人员，参加会议的还有六院、七院、十院院长与政委等共50余人。参加汇报者有七院袁意奋政委和刘振玉、杨凤章三同志，使用部队代表上官世盘。会议肯定了七一八主测量船的总体方案；明确任务分工与抓总单位；明确经费渠道；提出了进度要求；确定了航天测量船的建制和生产单位；解决了一些重大问题；对设计建造航天测量船提出一些重大原则和要求。当场宣布成立七一八工程领导小组由23人组成，同时成立办公室。并宣布李作鹏任组长（第一任），罗舜初、陈华堂、周希汉、李如洪任副组长，陈佑铭任办公室主任。这个会议批发了国务院、中央军委下发的"关于七一八工程研制有关问题。"②

周总理希望七一八主测量船总进度最好在1972年底交付使用。在那10年动乱时期，对这个根据当时的国际政治斗争提出的希望进度能否实现，许学彦说当时心中无底。

中央专委会议后，全国参加七一八工程研制的单位掀起新的高潮。在会议精神鼓舞下，许学彦和设计人员抓紧时间，全面开展方案研究和设计。对过去提出的问题继续深入进行研究，有些方面从研究转入设计阶段。由于受"文化大革命"的影响，有些研制工作还是受到影响。于

① 远望号航天测量船总结，现存第七〇八研究所档案信息中心。

② 中国舰艇工业历史资料丛书编辑部：《航天测量船史料集》。1992年，内部资料。

是，国务院、中央军委、七一八工程领导小组又发出抓紧落实七一八工程主测量船研制任务的通知，力促各研究制造单位加强领导，攻克难关，确保工程进度落到实处。

1971 年，“九一三”事件后，有人曾借此机会发难，说七一八工程是“贼船”，七一八工程几乎停滞。1972 年 2 月，国防科委召开会议，专题研究七一八工程问题。明确了东风 5 号洲际导弹定型工作如不进行全程试验技术上是有困难的，决定七一八工程不能下马。就在这关键时刻，根据周总理批示：叶剑英主持中央军委办公会议，听取汇报。原第七研究院院长、七一八办公室主任陈佑铭回忆说：

第一个发言的就是张春桥。他讲：“搞这么多的船，七院能搞得出来吗？搞这些船得多少钱啊？我是大陆派，打仗靠陆军，我不赞成海军搞这么多的船。”他这一发难，就非得跟他针锋相对了。我就对他讲：

第一，发射洲际导弹，以及将来发射卫星的测量控制，都需要测量船。测量船建成以后，放在江阴，还可以当测量基地用，从这个方面讲，非常划得来。测量船非搞不可。

第二，如果要搞这种往海洋发射弹头的试验，没有军舰护航警戒是不行的。弄不好，落下来的弹头会被在试验区的外国人抢走！必须得要警戒舰艇，至少要 4 艘。051 驱逐舰非搞不可，没有 051，那就没法搞洲际导弹试验。

第三，有了护航舰艇，还要航行补给。这样多的舰艇参加试验，没有后勤保障不行，必须要有补给船，提供物资供应，吃的，用的，淡水，治病……我们可以把这些功能都集中到综合补给船上，这一型船必须要搞，不搞海军就走不出去。

第四，弹头落下来以后需要打捞，海军现在也没有远洋打捞救生船，这一型船也非搞不可。即使不搞洲际导弹试验，海军也要搞这一型船。另外，如果舰艇发生了故障，我们现在拖都拖不回来。我们这么大的国家，这么多和我们做生意的船，在我们的海区出了故障要求援救的时候，我们救不了，这不很丢人吗？所以必须得搞一型援救拖船，这型拖船不仅我们海军用，交通部海洋局也可以。

第五，科学考察船也非搞不可，导弹弹头着区的考察、选择，都需要考察船，海洋资源的调查、海洋测量，都需要考察船。

参加会议的领导小组的几位同志也都从各个方面讲了搞这几型船的必要性。最后，李先念副总理总结说："我看这些船要搞，就这么定下来。有困难？有困难研究解决嘛。进度赶不上的设备可以缓装，以后搞出来再补装嘛[①]。"

当海军副司令员周希汉汇报七一八主测量船队，大部分协作任务已安排在上海地区。建议由上海承担测量船、远洋调查船、打捞救生船的建造，对加速工程研制，比较有利时，张春桥说：这项工程是不是一定搞？要搞由上海市承担有很大困难。叶剑英当即表示："国家需要，部队需要，七一八工程只能上，不能下。要知难而进，不能知难而退，有困难硬着头皮上"。并对当时负责领导此项工作的海军副司令周希汉说："你要挺起腰杆干，我给你撑腰"[②]。

这次会议决定周希汉、钱学森担任工程领导小组的领导工作。1972年4月至9月间周希汉、钱学森先后召开六次领导小组主要成员或全体成员会议，讨论落实中央军委关于七一八工程研制的有关决定。详细地研究了整个工程的研制计划，针对前一段工程研制中的经验教训，拟制了若干技术政策。尽管此时周恩来总理在病中，仍仔细审阅工程领导小组的请示报告，批准以国务院、中央军委的名义下发的文件。下马风被顶下去了，1973年8月28日，国防科委下发了关于七一八工程主测量船研制总进度的通知。许学彦带领设计团队又重新进行船舶主尺度与主要参数的计算以及性能计算，同时进行船舶总体布置的设计。

为了保证质量，1974年6月11日，国务院、中央军委〇九、七一八工程领导小组发出关于复审七一八主测量船与各系统设计方案的通知，通

① 陈佑铭回忆海军七一八工程。飞扬军事，2012.7.15，http：//www.fyjs.cn/viewarticle.php？id=172219。

② 同上。

过复审，确定七一八主测量船测控系统由单脉冲测量雷达分系统、激光电影经纬仪分系统、遥测分系统、微波统一分系统、双频测量分系统、遥控分系统、水声测量分系统、船体变形测量分系统、数据处理中心分系统、控制中心分系统等十个系统组成①。

遵照国务院、中央军委要求，许学彦和科技人员一起对测量船总体设计方案，进行反复论证，认真审查，使总体设计更加完善。1974年10月5日，七一八工程领导小组在北京召开七一八工程主测量船总体设计复审会议。这次会议非常重要，可以说，它是远望号研制中的一个重要转折点。会议对战术技术任务书进行复查和修改，对船舶总体设计方案进行全面细致的审查，对总体技术性能指标进行认真研究，对全船主要研制项目和设备清单进行复查②。

为保证测量船质量，会议要求要遵照毛主席的教导，质量第一，要精心设计。国务院专委办公室很快就批准了会议纪要。1974年12月成立了七一八主测量船三结合领导小组，在技术设计阶段，办公地点设在七〇八所。施工设计阶段，办公地点设在江南造船厂。这次会议以后，工作进展较快。各单位承担的七一八工程项目都全面展开。在许学彦带领下，船舶总体技术设计，经过广大科技人员的努力奋斗，比原计划提前30天完成任务。大家一致认为，设计方案和技术指标是比较先进的，也是可行的，满足了战术技术任务书的要求，并要求在此基础上再作某些改进和提高。会议要求各单位，要按国务院和中央军委指示，有专人负责，要经常督促、检查，研究解决工作中出现的问题。

为了实现中央决定的东风5号洲际导弹试验部署，国务院、中央军委、中央专委相继作出决策。这些决策，对于加快七一八工程进展有决定性意义。激励着全体参加者，推动了全国承制单位日夜奋战。在国防科委统一抓总和组织协调下，整个工程进展较快。许学彦作为总设计师，深感责任重大，他和科技人员同造船厂工人日夜奋战，船体建造进展迅速，设备安装、调试进度也显著加快。在这关键时刻，国防科委张爱萍主任、钱学森

---

① 中国舰艇工业历史资料丛书编辑部：《航天测量船史料集》。1992年，内部资料。

② 同上。

副主任于1977年9月21日至28日在上海召开了协调会。这是一个实行“三抓”，落实东风5号洲际导弹全程试验的关键措施。因为当时的局面是“弹”等“船”、“船”等“设备”、设备之间还有一些矛盾待协调。

根据东风5号全程试验的时间要求和七一八工程进展情况，为保证工程进度，国防科委派一个协调组常驻上海，负责现场督促检查和组织协调，解决工作中出现的问题。

在这期间，中央其他领导同志相继来沪视察七一八工程的进展情况。1977年9月22日，许世友司令员由彭冲、韩哲一同志陪同来江南造船厂听取七一八主测量船和其他辅船的汇报；同年11月5日，叶剑英副主席，在苏振华、彭冲、林乎加、严佑民、邹家华同志陪同下，乘船在黄浦江上视察江南造船厂建造的远望1号和远望2号及打捞船。领导关心和视察有力地促进了工程的进展。除了新疆和西藏外，几乎牵动着全国。中央专委很快就批转国防科委《关于七一八远洋测量船协调会情况报告》。强调指出国防工办、海军测量船研制、建造进度计划，是根据洲际导弹全程试验的需要安排的，是党中央的战略决策，必须千方百计，坚决实现。

随着工程的设计、建造、安装的深入，如何保证七一八主测量船的设计、建造的质量，是当时的关键问题。于是，国防科委在1978年10月，发出《关于测量船设计、建造质量复查有关问题的通知》。根据这个《通知》，七〇八所科技人员与江南造船厂、驻厂军代表室和国防科委二十三基地组成质量复查小组，对建造中的远望号船进行全面质量复查，对复查出来的问题，各有关方面高度重视，组织人员认真分析产生问题的原因，立即积极采取措施逐项解决。

为了贯彻中央专委关于1979年底作好东风5号洲际导弹全程飞行试验准备工作的要求，尽快把远望号测量船研制工作搞好，国防科委于1979年7月16日在上海召开了远望号测量船安装总联调会议。参加会议有81个单位250多人。会议重点讨论全船总联调大纲及其实施计划，研究第二次进坞标校和抗干扰问题，复议了测控、通讯、导航定位，气象系统的联试大纲，提出加强组织领导与现场指挥调度，中央专委会办公室很快批转《远望号测量船安装总联协调会议纪要》，要求1979年底作好东风5号洲际导弹全程试验准备工作的要求，各方面千方百计采取措施，抢时间，争速度，保质量，促进度，切实把远望号测量船安装总联工作搞好，确保按期执行任务。

远望航天测量船新研制的项目很多，如测量雷达、气象雷达、测控通讯设备、远洋导航设备都是过去我们没有搞过的，外国也不会帮我们，完全要依靠自主协作攻关，一个一个地解决。在中央统一组织领导下，国家计委，国防科委，国防工办，第一、三、四、六、七机部、中国科学院，国家海洋局，财政部，冶金部、化工部、交通部、铁道部、水电部等中央 35 个部委和上海、北京、天津、江苏、湖北、湖南、吉林、黑龙江、辽宁、四川、陕西、山西等 24 个省市以及总参、总后、海军等领导机关，以及实际从事工程研制的工厂、研究所、院校、基地等共 1180 多个单位，几十万人，大力协同，密切合作，自力更生，艰苦奋斗，经过 13 年的努力，突破了一个又一个技术难关，取得了一个又一个科研成果，终于胜利完成了七一八工程的远望 1、2 号航天测量船的研制任务。远望 1 号船于 1978 年 11 月交船。远望 2 号船于 1978 年 12 月交船。1979 年用一年时间先后完成测控、通讯、导航定位、水文气象、打捞救生、特种设备海上标校、部队训练演练、多船设备的总联和校飞。经过 30 多次专业性近海试验试航，参加洲际导弹全程试验、水下发射试验及同步通讯卫星发射，证明该船的总体性能是良好的，各系统的功能是完善的，设备的运转是稳定的，设计和制造达到了国内先进水平[①]。

七一八工程促进了我国科学技术的发展，促进了造船工业、航天事业、海洋事业的发展，提高了海军的远航作战能力。航天测量船研制成功，为我国建立了第一支远洋测量船队，使我国成为世界上第四个具有海上测量跟踪能力的国家。把测控通讯网从陆上延伸到海上，扩大了战略核武器和航天技术的试验范围，不仅完成了洲际导弹、潜地导弹、通讯卫星的试验任务，也为今后航天技术的发展，建立天地间返回系统、空间站等的试验工作开辟了道路，奠定了基础。同时还促进了造船工业、电子工业和海军装备的发展，也带动了国防科技有关领域以及国民经济有关方面的发展。

---

① 中国舰艇工业历史资料丛书编辑部:《航天测量船史料集》，1992 年，第 24 页。

紧急时刻解决合型

研究设计向阳红 10 号远洋调查船是七一八工程的一个重要部分。该船主要的使命任务是为国防服务，以研究海洋的水文、气象、物理和地球物理为主，兼顾研究其他海洋学科的综合调查船，能单独航行在除南北极以外的各大洋的广阔海域内，进行调查和实验工作，担负七一八工程和〇九工程赋予的试验海区勘察和收集有关海洋资料的任务，对船的总体性能的要求：9000 马力主机 2 台，最大航速 20 节、巡航速度 18 节，续航力 18000 海里，自持力 120 天，并能在 9 级风中进行调查作业和在 12 级风中安全航行①。

远洋打捞救生船也是我国首次研制并拥有的大型综合性船舶，使用单位 1971 年 2 月 23 日向三结合设计组介绍该船的使命任务和技术性能要求。指出该船对洲际导弹及弹头残骸实施水面打捞并担任遥测任务；对宇宙飞船实施水面打捞及援救航天员；完成洲际导弹落点水声测量并为测量船测漂进行声呐布阵；对失事潜艇实施三级援潜和深水救生并兼顾救援水面舰艇②。

1971 年 6 月在北京饭店召开远洋打捞救生船方案设计审查会，根据会议精神对方案进行了修改，1972 年 3 月完成技术设计。

1973 年 11 月份，远洋打捞救生船和远洋调查船的建造单位提议，因为时间紧，对于在同一时期，同一个厂里生产的两条万吨级的船舶，又因主机相同，如果两船主尺度也相同、仅有上甲板以上不同，这样两船只做一套放样的模板，可以节省大量的人工和材料，还可以大大缩短建造周期，降低成本。建议用调查船的主尺度和线型作为打捞救生船的总体方案。在保证执行使命任务的前提下，力争实现最大限度的合型。

“三结合”设计组按合型要求重新进行方案设计，由于两个设计部门已经就各自承担的设计任务做了大量的工作，现在要两型合一，对有些技

---

① 张炳炎．向阳红 10 号船设计回顾，现存第七〇八研究所档案信息中心。

② 许学彦．回顾向阳红 10 号船的设计，现存第七〇八研究所档案信息中心。

术问题很难在短时间内完全统一，合型方案迟迟做不出来。

因两船均由七〇八所设计，为加强对解决合型问题的领导，确保按时完成七一八工程设计任务，所领导决定将当时已经任“六四工作组”副组长、远望号总师的许学彦任命为所生产组副组长，担任两型合一的技术责任人。

许学彦到两条辅助船设计组后，认真查阅两船已做好的图纸和资料并加以比较，发现两个船的排水量相差比较大，所以合起来有困难，并仔细向具体设计人员了解到各自计算燃油消耗量的方法，一室在计算好主机燃油量以外一般加 10% 的裕量；而二室在计算好主机耗油量以后，加的裕量是 20%，同时，调查船有重力测量的项目，因不同的海域的海底重力加速度是不同的，需要船开到那地方去测量，原本二型船任务书中续航力都是相同的 18000 海里，这时调查船的续航力就大大超过 18000 海里，不符合任务书要求，因油耗比打捞船要大得多，因此，船的排水量亦比打捞船要大很多。两个排水量不同，主尺度当然不同，找出原因后，许学彦将两船计算标准统一起来，采用统一的燃油耗油裕量计算方法，耗油裕量标准统一采取 10% 的裕量，对于调查船超出任务书的重力测量，因不在任务书内，故不予考虑，这样排水量不一致的问题解决了。另外再将机舱布置图作一些修改，将主要受力横隔壁对齐，修改机舱设备布置，按统一要求做方案设计。最后按上甲板以下设计一致的要求，完成了方案设计。在技术设计阶段，为便于贯彻合型，所里将两个室的三结合组合并统一由所领导，成立了二型辅船的三结合组。任命许学彦为组长。在许学彦领导下，设计人员日夜奋战，终于在 10 月份完成技术设计。11 月底在上海延安饭店召开了技术设计审查会，12 月份下厂进行施工设计。

首次在两船上设直升机机库，允许直升机在船上起落与系留，都是以前没有碰到过的问题，许学彦带领设计人员到上海虹桥机场调查研究，并亲自试乘，使设计中碰到的问题得到解决。许学彦在审查图纸中发现制氢室在船的尾部，指出一旦氢气泄漏，遇火星会引起爆炸，危及全船航行。他建议将气球内气体由氢气改为充氦气，虽然价格贵了许多，但能保证船的安全。原设计航空煤油舱设在尾部，而船上的螺旋桨主机轴系、舵机等关键设备均设在尾部，若由于航煤可燃气体的积聚引起爆炸，则影响到整条船不能动。许学彦在慎重考虑后，提出将航空煤油储藏舱改到船的前部，设置隔离舱。对于电气设备则采用防爆电机、电器等措施。

许学彦参加了远洋调查船和远洋打捞救生船合型和合型后的方案设计、技术设计、施工设计、建造和试航，直至 1979 年底交付部队使用。经试航该船的各种性能都达到了战术技术任务书规定的设计指标及要求。

两船均参加了 1980 年 5 月的向南太平洋发射远程运载火箭试验，各自圆满完成了导弹飞行试验所赋予的任务。远洋调查船 1985 年荣获我国首届国家科学技术进步奖特等奖；打捞救生船 1985 年荣获我国首届国家科学技术进步奖一等奖。

图 4-2　1985 年荣获国家科学技术进步奖特等奖

成功的设计

许学彦说远望号船名的由来，寓意深远。当年，在人民大会堂，周恩来总理主持的中央专委会议上，研究该船的船名问题。在汇报中，大家请周总理给本船起个名字，周总理郑重地指出，中央有文件规定，不许用中央领导名字命名，也不要太空洞，什么东方红呀，不是到处都有吗！船名由领导小组研究决定，不能更多用政治口号。后来领导小组研究起名，一艘叫北海号，另一艘叫东海号。时隔不久，发现这两个名字在中国远洋公司从德国进口运输船中已被采用，并已在国际组织注册。于是有的提议用"太平洋"号和"大西洋"号，以表白中华民族建立强大海军的决心，同时也体现了要继承我们先人郑和航海家下西洋伟大的胸怀。钱学森当时任国防科委副主任，在视察二十三基地时提出用毛泽东诗词中的语句起名"五洋"号和"九天"号以表明中华民族可上九天揽月——测控导弹卫星、飞船，可下五洋捉鳖——跟踪海底潜艇发射潜地导弹。最后国防科委副主任聂力提出用毛泽东手书的叶剑英元帅的诗词名字"远望"来定名。理由是这个名字寓意深远它表明，作为领导者要站得高、看得远，既要承前启后，又要高瞻远瞩，放眼未来。1977 年，时任国防科工委张爱萍上将最终将测量船命名为远望号，用的是毛泽东的手书①。

远望号航天测量船 1979 年问世之后，相继又发展出远望 3 号、远望 4 号、远望 5 号、远望 6 号。远望号航天测量船队，在我国航天事业中，占有十分重要地位，它是海上活动的航天测量基地。根据被测控的各种应用卫星、飞船及导弹的需要，测量船队可以分布在世界三大洋任何位置②。

远望号航天测量船已经历 30 多个春秋，从北纬 35° 至南纬 30° 在太平洋、印度洋、大西洋上，都有它的航迹，在热带风暴的洗礼和大风大浪

① 中国舰艇工业历史资料丛书编辑部：《航天测量船史料集》，1992 年，第 24–70 页。

② 许学彦：远望号航天测量船总结，现存第七〇八研究所档案信息中心。

考验下，均安全正常、圆满完成各种应用卫星的测控任务。接受过中共中央、国务院、中央军委的贺电，接受过元帅、将军们的海上检阅。在它的身上显示着神奇的功能——“可上九天揽月（跟踪、卫星、飞船、导弹），可下五洋捉鳖（跟踪潜艇水下发射的导弹）。在过去的二十多年间，远望号系列船，已经40多次远征大洋，50余次执行航天测量任务，成功率达100%，累计航程100余万海里，相当于绕地球50多圈，为祖国创建了巨大功绩。远望1号、远望2号船功绩卓越，1989年，当时中央军委主席邓小平下令，给远望1号、远望2号船各记集体一等功。

1980年4月15日，中央专办批准远程运载火箭全程飞行试验，七〇八所杨凤章、龚荫溥作为技术保障工程师参加试验。这次试验，海上编队由18艘舰船组成。分别编制成航天测量船队和护航舰编队。测量船队由远望1号、远望2号、打捞救生船1、2号、救助拖船1、2、3号，向阳红5号、向阳红10号及“德士”号共10艘。另外还有4架“超黄峰”直升机。主要担负着火箭再入段测量、落点测量、打捞数据舱、海上落点区的通讯、气象保证等。护航编队有6艘导弹驱逐舰,2艘油水补给船，共8艘。其主要任务是护航警戒任务。

发射远程运载火箭进行如此大规模的海上试验，中国在历史上是第一次。直接参加这次试验的共有3万多人，其中在海上试验人员有5000多人，参试的科研单位有60多个。1980年4月26日，在上海吴淞口码头礼堂隆重举行出航大会。王震副总理、耿飚秘书长、张爱萍主任，代表党中央、国务院、中央军委为执行测量任务和护航的部队送行，对参试人员作了战前动员。次日上午，长江口区，吴淞口外锚地，18艘舰船挂满红旗，全体舰员和参试人员在甲板上排成一列长队，等待检阅。王震等在国防科委、海军、上海市领导人陪同下，检阅了海上测量船队和护航舰队。18艘舰船分三个梯队，由舟山朱家尖锚地起航，告别了祖国，向浩瀚的南太平洋进发。整个编队连续航行9000海里，于5月12日安全地跨越赤道，到达南太平洋试验海域。它位于南太平洋斐济东北700余海里，南纬7° 6′东经171° 33′为中心，70海里为半径的圆形海域。在航渡和试验期间，共遇到国外监视侦察船31批艘，侦察监视飞机53架次。在试验海域，遇到各种类型的海上漂浮的无线电—声呐监听阵。全体参试人员，对这种被监控环境，内心十分愤怒，同时更增强了一定要一次成功的决心。5 月 18 日零时，远望 1 号、远望 2 号与向阳红 10 号进入就位待命点。这一天早晨，满天乌云，而且云层很低，试验海区天气不佳。全体参试人员心急如焚。然而北京时间 5 时，发射场已进入发射前的准备程序。远望 1 号、2 号船进入临战，低速 8 节航行状态，落点区各艘舰船均处于漂泊待命状态，护航舰队均处于一级战备护航状态，舰船上各种装备和各种系统均处于临战良好的工作态势。至上午 10 时许，云层散去，满足了火箭试验的要求。参试人员各就各位，目不转睛地注视着各种仪表和电视屏幕，航海人员高度准确地把定航向，动力装置、电力及各种机器处所的站位上，全体参试人员处于战斗状态。

突然间，远望 1 号，远望 2 号船，收到火箭在酒泉发射场起飞信号。两艘测量船收到火箭关机点的数据后，分别快速计算出在南太平洋的落点数据。不久，远望 1 号、远望 2 号船就发现了目标。远望 1 号船也较原来预想的时间提前发现目标。并取得了完整的外测和遥测珍贵的数据，通过船上的卫星传输系统及时向国内指挥中心传送了各种回令和火箭再入段的大量宝贵遥测数据。

北京时间，10 时 33 分数据舱溅水。打捞直升机从接近目标到潜水员打捞完毕，仅用了 10 余分钟，火箭弹头落水后数分钟，航测直升机就发现了弹头的染色剂，两次飞越数据舱的上空，对染色剂进行了拍摄。其中远望 1 号船对航测直升机进行定位和引导。整个过程有序而迅速，且如此精确、顺利，美国及西方国家感到十分震惊和不解。

1980 年 6 月 2 日远望号航天测量船随海上试验编队徐徐驶抵上海吴淞口。6 月 4 日国防科委、海军联合举行欢迎海上编队胜利归来大会。张爱萍主持会议，国防科委政委李耀文、海军副司令员梅嘉生、中共上海市书记陈国栋先后讲话，高度赞扬整个编队，高度赞扬参试人员圆满完成远程火箭的全程试验任务[①]。

① 中国舰艇工业历史资料丛书编辑部：《航天测量船史料集》，1992 年，第 46–47 页。

图 4-3　1987 年 8 月中央电视台在远望号上采访许学彦（1987 年摄）

陈佑铭回忆说：七一八工程船圆满完成了弹着海区的考察、测量、选点、清扫、警戒、导弹飞行测量、观察、弹头打捞、气象观测预报等任务，经过全面考验，证明七一八工程是成功的[①]。远望 1 号、远望 2 号船同世界及国内同型船的比较，许学彦说：航天测量船，美国在 1957 年开始研制；苏联在 1958 年开始研制；而我国在 1967 年才开始研制，从数量上看，美、苏比我们多。美国共造过 20 多艘，现役 10 多艘，组成太平洋靶场舰队和大西洋靶场舰队。苏联造过 20 多艘，现役 10 多艘，组成“海参崴”科学试验船队。法国只有 1 艘。从仪器设备的完善程度和使命的性质、特点，大体上把 1966 年视为一条分界线，在这之前所建造的基本上是以单一任务为中心的被动式的遥测跟踪船；在这之后建造的多是综合体制的主动式雷达跟踪船。到目前为止和我国远望号同量级的航天测量船，世界上也不过十几艘。美、苏早期建造的测量船多是旧船改装。这些船随着试验的武器型号的更新和测量设备的发展，逐渐被淘汰。近期由于测量目标的远距离，卫星、飞船广泛使用以及航天飞机的出现，新建造的测量船也就越造越大，越来越先进[②]。

① 陈佑铭回忆海军七一八工程. 飞扬军事，2012.7.15，http://www.fyjs.cn/viewarticle.php?id=172219。

② 许学彦. 航天测量船远望号同世界同型船的比较。现存第七〇八所档案信息中心。

美国为阿波罗计划早在1967年建造了2万吨级的先锋号和红岩号。1971年又造了靶场哨兵号。苏联，在这方面投资很大，为执行联盟计划，1971年建造了2万吨级的克雷洛夫号，1971年12月又造了加加林号，可算是世界上最大的测量船。我国在这样短的时间内，在那样特殊历史条件下，建造了2万吨级的综合远洋测量船；在1979年利用约1年时间对远望号船进行长达15000海里的各种考验①。证明整个船的性能和质量是优越的。

航天测量船从无到有，在某些方面接近或达到国际同型船的水平，其主要技术性能和国内外同型船比较：

（1）船舶线型佳。阻力小，航速快。当航速同为16.5节时，远望号船每吨排水量所消耗的主机功率比美国同型船先锋号低15.56%，当船速同为17.5节时，远望号每吨排水量所消耗的主机功率比苏联同型船克雷洛夫号低3.2%。

（2）船的摇摆度小。在波浪中船舶稳定，一般海况下摇摆角小于3°—4°。在波高3.75米、风速为13米/秒海况下，横摇摆角小于5°，周期14秒，纵摇角小于3°，如果使用减摇鳍，可收到66%—70%减摇效果，这时摇摆角可再减少一半之多。而美国“水手”号船横摇角为10°，周期10秒，纵摇角5°，周期5秒。当然美国的电子设备适应船的摇摆能力强。

（3）船上采用主动舵、首转向装置，操纵性能良好。该船的回转直径为3.9—4.1倍船长，而一般船为4—4.5倍船长，达到国内同型船先进水平。如果使用主动舵和首转向联合装置，能以24°/分平均角速度原地回转。实船证明，风速12米/秒海况下，船在45分钟内，船方位可以稳定在±3°。使用这套设备，可在30分钟内紧急离开码头。一般船需使用拖轮顶推离靠码头需要2小时。本船可在六级海况的各种浪向下，航向精度为±1°达到同型船先进水平。

（4）该船具有抗12级台风能力，达到世界标准。这方面远望号船与

① 百度文库．远望系列远洋航天测量船——海上科学城，http：//weuku.baidu.com/view/db2539f77c1cfad6195fa7ca.html。

向阳红 10 号船及 J121 船的计算结果是一致的。向阳红 10 号船和 J121 船在南极航行中得到证实。远望号船多次出海航行计算证明，本船的抗风能力为 57—85 米 / 秒，而台风为 53 米 / 秒，一般远洋船舶抗 10 级风（突风 42 米 / 秒）。美国“水手”号抗台风能力为 60—90 米 / 秒。

（5）本船的自持力为 100 天，续航力大于 18000 海里，可达 23000 海里。绕地球航行一周不靠任何码头。美国“水手”号船为 20500 海里，苏联克雷洛夫号船可达 22500 海里。

（6）为保证各测量设备具有稳定可靠的基础，因此船的结构除保证总强度外，要求刚度大，变形小，用料经济。远望号测量船的设计和制造实现了这一要求。苏联加加林号船体变形量为 1/767 倍船长，而我国远望号船为 1/1460 倍船长，变形量远比他们小。

在执行洲际导弹试验任务时，实船测量，当浪高 2 米时，180 雷达和惯导之间最大变形量为 2′，而使用部队要求 3′。满足使用部队要求。同时所使用的钢料也属正常范围内，从每吨空船排水量所消耗的钢料重量可知，远望号船为 0.62，而一般大型货船为 0.61—0.68，大型油轮为 0.86—0.78，大型客船为 0.45—0.65。

（7）远望号船采用了氦气球施放系统，这在国内首次试用，主要特点是安全。该船首次使用大型气化燃油炉灶，解决 600 多人用饭问题。

（8）远望号船采用汽轮机组，噪音小，振动小，实测主机机座处振幅为 0.05 毫米，机舱噪声为 90 分贝，而主机集中控制室为 72 分贝，达到国际规范要求的标准（国际要求小于 75 分贝）。

由于船上采用气动单元组合仪表，自动调节系统，主机采用远距离操纵机构，使主机和锅炉均实现了集中控制。在主蒸汽管道的振动及应力问题上，采用了横向力矩和三坐标力矩的稳定方法进行设计，提高了动力装置的可靠性。

（9）本船冷库为国内船上最大的冷库，库容为 771 立方米。为保证全船电子设备正常工作和 400 多房间的空调，采用了温度自动调节装置。食品库温度也采用自动控制和无异味措施，均收到良好效果，这在国内也是首次。

由于舱室采取特殊的吸声材料和特种结构，舱室内噪音较小，一般小于 60 分贝占 80%，而 60—65 分贝占 12%，大于 65 分贝仅占 8%，是国内同型船噪音最小的。

（10）为解决电子设备之间相互干扰问题，在天线布置上采取主频段交叉。在舱室布置上按类组合，在电缆走向上，按频率分三类。增加电缆屏蔽编组套，规定了严格的施工工艺，安装了三种屏蔽门。使用七芯组装电缆方案，对舰船的电磁兼容性作了初步的探索，为“580”任务，各电子设备能正常工作打下了基础。

（11）船上绝大部分测量通讯设备是我国自行研制的。有些是国内首创，它们的特点是：①对导弹和低轨道的卫星均能实施跟踪测量；②由于采取综合体制，每艘船都能单独执行任务；③各设备均有较强的捕获跟踪能力；④各测量设备间均能互相引导；⑤导航定位采用双机和多种手段进行校准，以提高惯导精度；⑥技术水平国内是领先的，很多是国内首次研制，相对国际水平也不低。

“三船”特点是设备多，技术复杂，综合性强。许学彦主持了“三船”的战术技术论证、远洋航天测量船的方案设计、技术设计和施工设计，并主持了二型辅船的合型方案设计及其后的技术设计、施工设计和施工建造联系、审核、审定主要图纸和文件，解决了总布置船体刚性、变形小、定位及稳定性、降噪音、减振动和众多强弱电设备干扰的电磁兼容等难题。回顾这段工作，从工程角度他有以下一些经验体会。

图 4-4　许学彦在远望号上留影（1987 年摄）

一是把它列为国家重点工程

予以安排，党中央、中央军委的直接领导，列入专项工程，加强了工程研制的集中统一领导，顶住了“四人帮”的破坏，这是工程研制成功的前提和根本保障。

二是设备研究先行。对有较多新研制设备的船，总进度中要安排一段总体单位等待设备研究设计的时间。因为一般规律是，总体单位先行论证船型任务，提出所需新研制设备的技术任务书，交设备研究单位研究设计。这时，总体单位要等待一段时间，待设备设计单位反馈该设备性能与装船资料后，总体单位再继续进行设计。否则，如齐头并进，设备研究单位反馈装船资料后又有大的修改，总体单位也就必然要大返工。

三是制订计划要实事求是，充分估计到各系统的情况，宁可慢些也不要返工，要保证质量，这样在总进度上并不慢。七一八主船开始的计划，有些是主观主义的，提出一些不切实际的要求和口号，结果是欲速则不达，反而使工程进度慢了。

四是坚持“三结合”设计，军民互用，取长补短。七一八工程三型船的设计一举成功，实行“三结合”设计是一个重要因素。使用、设计、生产三个部门各有所长，亦各有所短，任何人也不可能是万能的，必定会有知识缺乏的一面。而“三结合”设计便促进了相互学习，取长补短，以保质保量完成设计任务。当然，在“三结合”中，要以设计责任单位为主，还需有一谦虚、谨慎、技术水平较高的带头人，才能确保“三结合”设计任务圆满完成。军用技术、民用技术可以相互应用。过去，军用船的苏联设计指导性资料可应用于民船设计中；现在民船规范上的对易燃燃料的安全要求不能存放于双层底，要有水平隔离舱，通气管高于上层建筑等，全船防火区的防火舱壁划分等安全措施，也已应用于七一八三型船上，因此安全可靠。军船设计者学习民船设计知识，民船设计者亦学习军船设计知识，以提高设计水平。不要截然分隔，故步自封。

五是精神力量不可忽视：由于任务的重要，参加工作的设计人员，都认识到自己受组织信托，肩负重任，有光荣感，不断受到激励，因而加强了自身的责任心，主动克服个人困难，不计待遇，加班加点，努力工作。这是一股不可忽视的十分重要的精神力量。在今后的工作中应与物质鼓励结合起来，若只讲金钱奖励而忽视精神鼓励是不行的；当然，只讲精神鼓励亦是空想，两者必须结合，不可偏废。

六是总体设计人员要有意培养：总体设计人员如总设计师要处理各系统间的矛盾问题，要指挥由多种不同专业人员组成的庞大队伍“作战”，需要广博的学识，除其自身必须努力钻研外，领导要有意识地加以培养，给予创造条件。一个知识渊博的总设计师是难能可贵的，应创造机会多到使用与生产部门现场考察，甚至到国外考察，以丰富其感性知识。作为总体设计人员，许学彦认为，三船在专业技术方面有如下经验总结：

一是直升机装船在我国系首次，没经验，大量的航空煤油储存于船上，甚是危险。我们解决这个问题的主要经验是，加强通风以免油气浓度增加；采取接地措施以防静电积聚；所有接触油气的电动机均采用防爆电机。

二是避免电磁干扰的经验是在布置上将强弱电设备分开，发信与收信分区布置，强弱电电缆分开敷设，每隔 10 米接地，每个配电箱内都安装以同量值的防扰电容，弱电设备室又增设专用滤波器，各电子舱室安装屏蔽门窗。

三是处理船底大群开孔避免集中应力的经验是，主船底部有防摇鳍、海水门等连续的一大群开孔，经过光弹试验，解决了应力集中问题。其方法：一是孔与孔之间距离大于孔径的 1.5 倍；二是孔的边缘用厚板或复板加强，也能降低集中压力。

四是由于工厂要求施工时人能进去，船体尾轴包套尺寸过大且短而粗，造成阻力增加，使辅船附体阻力竟高达 35%以上，超过了一般船双桨带轴包套在 20%左右的正常值。

五是主测量船是陆上测量基地的缩影。设计前，设计人员应去二十基地调研，由于保密原因没去调研，因而对各专业系统了解不深，以致造成舱室布置和分配方面偏大偏小的现象。

六是三型船舱室照明均是按照《船舶设计实用手册》所列照度标准设计的，此标准系 20 世纪 50 年代水平，与国外相差太大，现今出口船照明也大大增加，三型船的照明在施工时都作了修改，因此，《手册》已不适于现在要求，亟待修改[①]。

价值观孕育“远望精神”

远望号测量船的研制除了有形成果之外，还给我们留下一份宝贵的精神财富。它揭示并诠释了远望号测量船的精神面貌和价值观。

“远望精神”的核心价值观是胸怀祖国、献身军工。许学彦及广大科技人员懂得，完成国家战略任务，是他们一生的荣誉和财富，只要国家有需要，一定会全力以赴完成任务，设计建造出一流的高科技舰船。在远望航天测量船研究设计中，在工资低、福利差的困难条件下，他们全身心地投入。不畏艰难、不逐名利、加班加点、不计报酬、协同配合、不讲条件，自觉担当起各自的责任，凝聚成上下顽强拼搏、迎难而上、无怨无悔、刻苦钻研、坚持不懈的信心和力量。显而易见，远望精神不是杜撰，它确实在航天测量船研制中起到了不可忽视的重要作用。

为了解决稳定性问题，以许学彦为首的设计师们实施了三级稳定措施的三重保险方案；为解决电磁兼容性问题，设计师们科学地划分远望号船上的天线工作区域并假体屏蔽措施，有效地抑制了耦合干扰和电缆传导干扰；为了正确评估和修正船体变形给测控设备带来影响，设计师们开创性地采用了光学挠曲变形测量法；为了解决船舶和测量设备导航定位问题，采取了惯性导航、天文导航等手段，海上定位实时、准确、可靠。

这些设计思想和技术方案，奠定了跨越四十载、三代远望号航天测量船的设计基调成为了中国“远望家族”的标志和“基因”[②]。

艰苦奋斗、顽强创业的拼搏精神，在远望号研制过程中体现得尤其充分。在远望号系列船的设计建造过程中，所有的设施设备都不能进口，必

---

① 许学彦：远望号航天测量船总结。现存第七〇八研究所档案信息中心。

② 同上。

须由国内自行研制，自力更生，一切从零开始。在远望 1 号、远望 2 号船研制期间，正值西方发达国家对我国实施严密的技术封锁。这就意味着设计师们得不到来自其他国家的帮助，可谓是一穷二白。经过许学彦和设计师同工人师傅们长达 10 多年的艰辛努力，终于将远望号航天测量船从梦想变为现实。期间，他们不仅攻克了许多关键性的技术难题，还建立了一整套的国产远洋测量船的设计标准。

改革创新、敢为人先的开拓精神，与远望相伴而生。作为我国自行设计建造的第一代综合性航天远洋测量船，远望 1 号开启了中国航天远洋测控事业，创造了多个第一。她的诞生，实现了航天测量网从陆地到海洋的历史性跨越。

历经风雨数十年，正是凭着这种敢为人先的开拓精神，格物致知的科学态度、审慎细致的工作作风和追求卓越的报国志向，使我国航天测量船、远洋调查船的研究设计赶上和超过世界先进水平。

从远望 1 号测量船设计成功，到形成远望系列船队，反映了中国船舶事业的快速发展及其科研设计能力达到一个新的水平，也标志着中国船舶科研设计领军人物及科研队伍成长壮大的经历。

第五章
老骥伏枥　志在前沿

1978年3月，邓小平在全国科学大会上指出：科学技术是生产力；科技工作者是劳动者，是工人阶级的一部分。在社会主义社会里，工人阶级自己培养的脑力劳动者……他们的绝大多数已经是工人阶级和劳动人民自己的知识分子，因此也可以说，已经是工人阶级自己的一部分。他们与体力劳动者的区别，只是社会分工的不同。从事体力劳动的，从事脑力劳动的，都是社会主义社会的劳动者……“四人帮”把今天我们社会里的脑力劳动与体力劳动的分工歪曲成为阶级对立，正是为了打击迫害知识分子，破坏工人、农民和知识分子的联盟，破坏社会生产力，破坏我们的社会主义革命和社会主义建设。

邓小平及其简要和通俗的语言，使困扰许学彦头脑中的疑惑终于有了答案。

许学彦经历了20世纪50年代“反右”斗争的萧瑟秋天，经历了十年“文化大革命”的严冬，尽管“文化大革命”期间许学彦所在的六四工作组，按上级指示不开展“四大”，但知识分子是“臭老九”，依然给所有的知识分子造成巨大的精神压力。全国科学大会，使多年捆绑在知识分子头上的精神枷锁真正解脱。许学彦科学生命的春天真正到来。这时他已接近60岁，但依然焕发着青春的活力和热情。他把全部精力投入到远望航天测量船的设计研究中，投入到钟爱的舰船科研事业中。许学彦常讲，造船是一个复杂的系统工程，不是一两个人能干的事，它涉及各方面的科学技术，一个人的能力和技术是有限的，要靠众人的智慧和力量，只有通力合作，相互支持配合才能完成[①]。

1981 年许学彦被提升为七〇八研究所副所长兼副总工程师，协助所长抓好重点产品和项目的技术把关和协调，抓好出口船设计中遇到的有关问题，主持“出口船设计参考资料”编写等工作[②]。

中国造船走出国门

20 世纪 70 年代末的中国船舶工业陷入了困境。

这一时期，世界造船市场空前低迷，世界造船产量 1976 年比 1975 年减少 2700 万吨，1977 年比 1976 年又减少 1860 万吨，而 1978 年比 1977 年再次减少 1081 万吨。在惨淡的市场形势下，大批外国船厂关门。

国内造船市场也遭遇到了前所未有的严冬。六机部所属各军工企业长期以来主要依赖的军品任务骤减，面临着严峻的生存考验。

1977 年 12 月 6 日，对船舶工业来说，是一个具有重大意义的日子。当天一早，邓小平在他的办公室里接见国防工办主任洪学智和三位即将履职的部长，他们是：三机部部长吕东、五机部部长张珍和六机部部长柴树藩。此前，邓小平已经了解到国防工业处于极度困难之中。船舶工业，这一原本拥有深厚积淀的民族工业，无论在技术上还是管理上都远远落后于世界先进水平。企业已经拿不出更多的钱来造船。船舶工业出路何在？

听完汇报后，邓小平将目光移向刚由外贸部副部长调任六机部部长的柴树藩，坚定地指出“船舶工业要积极引进国外先进技术，中国的船舶要

① 许学彦访谈，2011 年 9 月 7 日，上海。资料存于采集工程数据库。

② 许学彦干部履历表，现存第七〇八所人力资源部。

出口，要打进国际市场。”[①]

邓小平的这个指示，后来被形象地称为推船下海。随后从1977年到1982年间，邓小平12次谈到船舶工业。他把当时世界第一造船大国日本作为中国船舶工业赶超目标。他说：“我们造的船，比日本便宜，我们的劳动力便宜，一定可以竞争过日本。”

“要多造船，造出口船，赚外汇，主要多搞中小船，以民养军。总之，国际市场有出路，我们的船可便宜十分之一，要有信心[②]。”邓小平循循善诱，给船舶工业鼓劲打气。

为什么会选择船舶工业首先走向国际市场？因为中国的船舶工业与飞机、汽车等其他制造业比，基础比较好，已经有了一百多年的历史。而且，船舶市场门槛较低，进入相对容易。船舶本身就是国际性产品，船价一般以美元结算，必须按照国际规范标准建造，交付营运后还要遵守国际海事规则，可见船舶市场注定是没有国界的。正因为如此，近代以来各世界大国的崛起无一不是以造船业起步，以迈向海洋为目标。

在邓小平指示和十一届三中全会精神的指引下，船舶工业及时果断地以市场为导向，以赶超日本为目标，迈出整顿、调整、技术引进、技术改造、船舶出口的坚实步伐，开创出从乱到治、从保守封闭到改革开放的新局面。

弹指一挥间，三十多年过去了。历史证明了这些战略决策的正确，并一次次地提醒人们，闭关自守，关起门来造船是不会成功的，船舶工业必须面向国际市场[③]。

1978年，香港海洋船务公司向六机部订购17500载重吨多用途货船。这是新中国设计建造出口船的最初尝试。该合同是经国家计委批准同意向外试销出口万吨级货轮，该船建成后被命名为SEA ARCHITECT（海建）号。总长164.3米，型宽22.86米，载重17588吨，航速18节。海建号技术设计周期为4个月，建造周期为21个月零3周。1981年1月25日试航，

---

① 叶宝园：《自强之路》。北京：中央文献出版社，2012年，第245-247页。

② 同上。

③ 同①。

2 月 20 日交船。

在海建号船的建造过程中，船东提出对船的船体结构改进和加强等问题。由于这些部分已经造好，要大范围改动已不可能。为此船东 1980 年 7 月 16 日提出退船。

17500 吨多用途货船能否顺利交船，关系到我国船舶能否打进国际市场，也关系到实践邓小平提出的船舶工业的发展战略。关键时刻上级决定由许学彦技术抓总，会同有关造船厂处理 17500 吨多用途货船在设计、建造中的技术问题。

许学彦清醒地认识到，船舶出口，不仅要具有相应的设计水平和建造能力，更重要的是，经营管理者、工程技术人员和生产第一线的工人，都必须转变观念，真正把质量视为企业的生命线，严格完全履行合同，摆正心态，学会按国际惯例妥善处理与船东的关系，树立在不增加成本、不影响工期的基础上尽力满足船东一些要求。

许学彦深入设计室和工厂，调查研究，将船东提出的意见分为三类：一是设计建造质量确实存在一些问题；二是虽超合同要求但经过努力可以满足；三是超合同约定的规范，随即许学彦同科技人员在工厂一起研究决定：对一二类问题坚决整改，对第三类问题，经多次与船东说明情况，友好协商达成共识并组织设计人员反复计算船体结构强度做到万无一失。对上层建筑结构强度皱褶变形问题，请上海造船工业局召开专题现场讨论会，邀请有关单位的专家参加，到工厂现场观察研究产生皱褶变形的原因，与会专家一致认为上层建筑的强度是够的，符合

图 5–1　17500 吨多用途货船海建号

ZC 规范。引起局部变形的原因，是火工不善及节点不合理所引起，按照许学彦及专家们的意见，采取了符合规范和切合实际的补强措施，最后顺利交船。

17500 吨多用途货船交付使用，各项性能达到设计要求，船东非常满意。继后接到为香港联成航运公司设计建造 27000 吨多用途货船。这是按国外船东要求，入英国劳氏船级，符合 18 种国际公约和规范设计建造的第一批出口的船舶。该型船舶除可装载散装谷物外，尚适于装运原木、板材、矿砂、钢材、煤、卷筒钢板、废钢铁及重货等。有两艘船还可装 452 只 20 英尺的标准集装箱。这是一种以装载散货为主的多用途货船，并能通过圣劳伦斯航道适于在美国和加拿大的五大湖区航行（大湖型）。

这条船设计建造要求更高，能不能承接当时有争议，在北京一次会议上，有的提出我们从未设计过这类船舶，自行设计风险太大，最好是向外国购买设计图纸来建造。当时七〇八所参加会议同志表态，我们有能力承担这艘船的设计任务。后来有关方面向日本某船厂询价，全套设计图纸加上钢材和机电设备，日方报价 1100 多万美元，这样的报价显然无法接受，最后任务落实到七〇八所。

许学彦说："设计出口船，船东不但要求高，而且要完全按国际规范进行设计，当时面临许多困难，但落实小平同志'中国船舶要出口，要打进国际市场'的要求，再大的困难也要克服。"①

许学彦作为总工程师，分管出口船工作，对设计中碰到的难题，他组织攻关，对出口船的进度、质量定期检查，协调解决设计中遇到的矛盾和困难，他还亲自审阅"总布置图"、"线型图"和"纵剖面图"等图纸及说明书。签署了这艘船的主要图纸，第一艘船长城号，1982 年 1 月在大连造船厂顺利交船；江南造船厂建造的首制船世沪号也于同年 6 月交船。这些船设计建造的成功，大大促进了我国出口船的发展。先后共接到 13 艘同型船五个型号的订货，造价共一亿八千多万美元。为国家创造了大量外汇，经济效益显著。

---

① 许学彦访谈，2011 年 9 月 6 日，上海。资料存于采集工程数据库。

图 5-2 菲律宾总统夫人（站立居中者）伊梅尔达 · 马科斯应邀出席世沪号出口船交船典礼

编辑“出口船设计资料”

在中国船舶要进入国际市场走向世界的新形势下，必须为出口船舶搜集国际通用的标准规范。许学彦根据自己丰富的设计经验，接受了编辑出版《出口船舶资料》的任务。1980 年 11 月 24 日至 30 日由六机部领导主持，在上海衡山饭店召开 17500 吨与 27000 吨二型出口船的经验交流会，各工厂与会代表提出了规范、规则资料收集困难的问题，建议有关部门经常收集、翻译、出版，提供给各工厂、设计单位与其他有关部门。六机部领导当场征求谁愿承担此任务。

许学彦参加了这次会议。他深知中国船舶要出口就必须熟悉国际标准，不仅研究所需要熟悉国际标准，造船厂、船用材料及设备制造厂、用船单位、检验部门、管理机关等相关部门都需要熟悉国际标准。这是一项技术基础工作，七〇八所有各类专业人才，又有情报部门，完全有能力承担这项任务。因此，他当场表态说，我们愿承担这项任务，六机部领导听了很高兴，会上决定：规范、规则、公约等资料收集、翻译、出版工作由七〇八所归口，今后各厂在与外商谈判或出国考察时收集到的资料全部集中七〇八所，由他们安排翻译出版。七〇八所要成为设计中心、情报中心、研究发展中心和服务中心。

会后，在许学彦的主持下，七〇八所于1981年上半年正式向六机部提出了有关工作设想的请示报告。六机部在批文中明确："为解决出口船舶设计、建造、入级检验及设备、材料认可检验等工作的急需，批准七〇八所陆续翻译、出版国际海事规则、规定、公约及有关国家的特殊海事规定、规则。资料汇编暂定名为'出口船设计参考资料'，每1—2季度出版一辑，系内部技术资料。"

第一届"出口船设计参考资料"编委会由许学彦任主任委员。为此，许学彦作了周密细致的筹划。根据他的建议，李嗣尧、练淦任副主任委员，所副总工程师彭惠平、蔡颐、王淮、裘纯坚、郭可评、金平仲、恽良、金柱青、严简休等一大批技术领导担任委员。为了有计划地开展工作，许学彦还主持制定了有关部门的分工，"出口船设计参考资料"第一辑于1981年9月问世。至1991年，"出口船设计参考资料"共翻译出版11辑，约205万字。

为了总结工作，1991年9月13日，在船舶总公司科教部主持下，在上海召开了"出口船设计参考资料"系列成果专家评审会。12个单位23名代表参加了评审会，上海交大林杰人教授任专家评审委员会主任委员。与会代表经过评议，认为：本系列资料及时瞄准国际市场，紧密结合27000吨散货船等出口船和远洋船的设计与建造的实际需要开展工作，具有较好的适用性和较强的针对性。本资料根据规则、公约等不断更新的特点，注意迅速确定选题，尽快完成译、校、审、编辑、出版，跟踪了规则的更新、修正，具有及时性。为我国出口船和远洋船的设计、建造，以及船舶工业从国内市场转向国内、国外两个市场做出了重要贡献。该资料在完整性、系统性等方面填补了国内空白。越来越受到从事海洋船的设计、建造、航运、船检、教学、海事、管理等部门的重视，具有重要的使用价值。"出口船设计参考资料"共翻译出版26辑，约510万字。此外，1992

年10月至2003年10月十一年间还举办了国际规则及不同类型船舶设计技术宣讲会14次。取得了良好的社会效益[①]。

紧跟船舶科技前沿

许学彦船舶理论基础扎实，知识面广，设计、实践经验丰富，善于理论与实际相结合，解决科研设计中遇到的疑难问题，他主持设计的船舶大多是有较大难度的我国首创船舶。

进入20世纪80年代，国家以经济建设为中心，大力推进改革开放，各行各业生机盎然，造船工业以打入国际市场为契机，逐步进入了快速发展的轨道。许学彦因年事已高，逐渐从科技管理工作岗位上退下来，满腔热情地投入到追逐舰船和海洋工程事业科技发展前沿，包括舰船科学技术交流、咨询、舰船科普和青少年科技教育活动。

在当今世界船舶工业高速发展的情况下，许学彦深知，谁能主宰沉浮，立于世界造船发展的前沿，就要看谁能将高精尖的先进科学技术运用于船舶设计上，看谁拥有自主创新的先进技术，谁的先进技术含金量高，拿出顶级产品，这就要科技兴船，科技兴船是舰船事业能否高速发展的关键。

1984年3月，中国造船工程学会船舶设计学术委员会召开年会，许学彦执笔，代表船舶设计学术委员会，发表了《国内外船舶设计的现状与发展动向》的文章。文中综述了国外船舶设计领域技术发展概况，包括船舶节能措施、新能源及船舶性能研究等新技术的发展、新船型的发展、船舶设计方法和手段的改进等。

在文中，他根据我国当时船舶设计方面的差距和生产需要，对今后工作提出了五点建议：①提高已设计过的船舶的水平，重视标准船型设

① 《出口船设计参考资料》编委会总结，现存第七〇八研究所档案信息中心。

计，以利批量生产，适当降低航速，提高经济效益。②开发新船型。除开发常规船型外，还应着手开发填补我国造船设计中的空白船型。新船型的开发有一个研究、设计、试制、试验、总结 ——再研究、设计、试制、试验的过程，这不是设计部门能单独能解决的。国家要按轻重缓急投资试制，才能逐步有新的高水平船型出现。③开发集成化的计算机设计程序，制订各型船舶设计标准，使设计周期大大缩短。④有计划地培养干部，进行国内外学术技术交流，以提高技术水平。⑤各单位间应大力协同，促进技术进步，逐步缩小我国与国外先进造船国家间之差距，为至 20 世纪末为我国船舶设计接近先进造船国家的水平而努力！这些建议至今仍具有现实意义。

1988 年 6 月，中国造船工程学会召开第四次会员代表大会。时年 64 岁的许学彦为了促进我国船舶设计技术早日达到国际先进水平，代表船舶设计学术委员会写了《国内外船舶设计技术的若干动态》一文。从以下六个方面介绍了国内外船舶技术的发展动向：①节能，开发新燃料，以节省营运费用；②机械化，自动化以减少船员，同时可减少开支；③开发新船型，采用新技术，以期更好地满足船东要求；④大型化和专用化，以降低运输成本；⑤设计用计算机优化。以加快速度，提高效率；⑥改善船员生活设施，增加舒适性，以吸引船员安心上船工作。

这以后，许学彦又写了许多文章，如《迎接新技术革命，提高研究设计水平，开发新船型的对策》，发表在《造船学会》期刊上。该文针对 20 世纪 80 年代世界新技术革命的第三次浪潮，分析了新技术革命对船舶工业将产生巨大的影响，以及新技术、新船型的情况，提出了应对第三次新技术浪潮的对策。从更新船舶设计手段、采用新技术设计经济性能好的节能船型、自动化和超自动化船的研究、发展利用自然能的船舶、改革提高装卸设备、改善提高船员的适应能力与活力、加强新船型的研究、改革体制进一步发挥知识分子作用、关于制定发展船舶工业的政策问题、加强调研沟通市场信息、教育与人才培养等 11 个方面阐述了我国提高研究设计水平及开发新船型的对策。

在《近年来船舶设计的进展》一文中，许学彦阐述了新中国成立后我国造船工业的发展情况，并着重从设计改革、新船型开发、节能新技术、计算机辅助设计四个方面介绍了党的十一届三中全会后十余年的飞速发展，以及这期间设计建造有代表性的新船型。为便于同行查阅，他在文中列出了26种新船型的主要要素表，使读者看后一目了然，便于设计人员借鉴。

1991年许学彦在《船舶工程》上发表了《民船的研究设计概述》，文中他按三个阶段——初创阶段、曲折艰苦阶段、大踏步跨入世界市场阶段，回顾总结了数百种民用船舶的发展过程，最后展望世界造船工业的趋势。文中指出：今后如何开发高技术、高附加值的船舶，如何提高研究、设计、生产的效率，缩短研制周期，赶上世界先进国家水平，将是每个船舶设计建造工作者所必须考虑的问题。这些文章对在船舶设计领域工作的人员至今仍具有参考作用①。

许学彦2005年在与《中国船舶报》记者谈话时，提出了要“科技兴船”，要研究设计高性能、高附加值的船舶，他的想法为船舶事业的高速发展提出了新的设计理念。

为什么要高举科技兴船旗帜？科技兴船的主要标志是什么？

许学彦回答说，科技是时代发展的标志，所有的发展都需要科技。显然，要把船舶工业搞上去，必须高举科技兴船的旗帜。

科技兴船的主要标志为三个方面：一是设计出具有世界一流水平的各种类型的船舶；二是又快又好又经济地建造世界一流水平的船舶；三是有一批具有世界一流水平的人才。

他还列举了两条中国船舶工程学会成立六十年来为科技兴船作出的努力和贡献：

其一，中国造船工程学会组织国内外造船人才，举办了大量的各种类型的国内的或国际性的造船学术研讨会、造船技术交流会，不断地促进了我国和世界造船科研、造船技术的进步和发展，有力地推动了船舶科技创新。

---

① 许学彦：民船的研究设计概述。《船舶工程》，1991年第4期。

其二，中国造船工程学会出版《中国造船》、《船舶工程》等学会刊物，全国各地造船工程学会也出版了不少学术技术刊物，为科技兴船发挥了很重大的作用。

许学彦认为，我国船舶工业在近 20 多年来发展很快，这与船舶科技的迅速发展有着直接的因果关系。当我国船舶工业向更高目标前进的时候，船舶科技当然必须居于领先的地位。与世界上先进的造船国家相比，我国船舶科技还存在着不少差距，许学彦个人认为主要是两条：

第一，船舶科研设施、科研条件还赶不上先进的发达国家。我国船舶科研的不少试（实）验仪器、测试仪器等设备靠进口，说明人家早就有这样的设施了，确实跑在了我们的前面。

船舶科研条件比较差，主要是资金投入不足。船舶理论研究不能强求“立竿见影”的经济效果。有的人搞了一辈子的基础性研究，可能在他的一辈子中见不到经济效益，但他的研究成果，对造船科技水平的发展至关重要。

第二，新船型的设计、建造，以及国产船舶配套设备装船率远不如先进的发达国家。

新船型——比如豪华游轮目前国内尚缺乏研究，也缺乏对豪华游轮的亲身体验，什么叫“豪华游轮”？对它的认识和技术储备不够。

目前，国产船舶配套设备装船率仅为 40% 左右，大量的靠进口，这种状况不能长期地继续下去了。这是我国科技兴船战略面临的一个重大课题，为提高国产船舶配套设备装船率，应该抓紧研究制订一个时间表。

许学彦指出，我国科技兴船的优势和所面临的主要挑战，可以归结为两个字，就是“人才”。

我国科技兴船的优势是人才多，技术力量强。我国近几年来船舶科技水准提高得很快，年轻科技人员和青年学生上进性很强，大家都希望船舶科技有新的飞跃。我们面临的主要挑战，是人才竞争。我们要努力营造一个良好的船舶科研设计建造环境，让那些有志于祖国船舶事业的科技人才，充分发挥他们的才智，全身心地投入他们所钟爱的事业，为实现我国成为世界造船强国的理想而奋斗。我个人认为，对人才要讲德才兼备，有志者为干一番事业，要有自我牺牲精神。

在当前激烈的市场经济竞争机制下，许学彦认为，作为研究设计部门要抽出一部分力量，搞预先研究，开发新产品。要加强对市场调查研究，制订开发的新产品项目。有了超前意识，才能不断提高技术水平，提高参加市场的竞争力。

致力于造船学会工作和学术交流

1980 年，许学彦担任中国造船工程学会船舶设计专业委员会主任委员以及上海造船工程学会学术工作委员会船舶设计专业组长。1984 年至 1988 年，担任中国造船工程学会第三、第四届理事会理事、船舶设计学术委员会主任委员。现在他仍是中国造船工程学会和上海市造船工程学会的荣誉理事（终身）。

在造船学会学术工作岗位上，许学彦密切关注我国船舶设计技术的发展积极组织、支持船舶科技学术交流活动。造船学会船舶设计学术委员会是一个社团组织里的组织学术活动的机构，组成人员来自四面八方，遍布全国各地。召开一次会议很不容易。为使参加会议的人员有所收获，每次活动他都认真组织，如专题报告，技术讲座，介绍有关学科的发展情况，他还带头讲，活跃了学术气氛，促进了造船学会船舶设计专业委员会活动的开展。

1983 年，中国船舶工业总公司设立民船船型开发指导组（简称民船指导组），组长为许学彦。许学彦认为搞好船型开发，增加船型储备，对于缩短船舶产品科研、设计和建造周期，降低船舶建造成本，增加接单能力是至关重要的。船型开发是船舶工业自身的发展的需要，是船舶工业科技发展的重要内容之一，设立民船指导组是为了推动船舶工业各部门包括船舶总体设计院所和造船厂做好船型开发工作，提升我国在国际船舶市场上的竞争能力，促进船舶工业自身的发展。民船指导组的职能是在船舶工业总公司科技局领导下，作为船舶工业总公司在民船船型开发工作方面的技术参谋，及时提供船型开发咨询意见，对各有关单位和船型开发工作进行调查、指导和协调。其主要任务是：对民船船型开发的技术政策进行咨询和提出建议；协助总公司制定近期、中期和长期船型开发计划和规划；对总公司下达或指导组共同商定的船型开发专题进行论证和研究；协助组织有关单位在船型开发和船型引进方面进行技术交流；出版《民船船型开发通讯》（后改名为《民船船型开发》）和科技交流文集。

船型开发工作的主要内容包括：对预测有市场需求的新船型进行开发论证和基本设计；对有发展可能的新颖船型进行开发性研究工作；对已有船型进行优选和改进设计，推行“标准经济船型”。民船指导组围绕船型开发工作的内涵出版《民船船型开发通讯》。

1985—1987 年，许学彦在船舶总公司领导下，组织召开了二次全国性民用船型开发交流会。第一次，1985 年 3 月在上海召开，本次会议发布了 80 余型新开发船型；第二次，1987 年 5 月在广州召开，发布了 197 型新开发船型和 20 多项节能技术。出版《民用开发船型选集》供造船、航运等有关方面参考，以便在更广泛范围内推荐、促进我国的船型开发。

许学彦组织民船指导组还主编了《民用开发船型汇编（1985）》、《船舶科技开发项目选集（1985—1987）》，以及《十年民用开发船型选集（1982—1991）》。编入《十年民用开发船型选集（1982—1991）》的共 511 型船，分九大类：液货船、散货船、干货船、客船、科学调查和执法船、渔船、工程船、高性能船和海洋平台。其中 70% 以上已建造，不少获得国家科技进步奖。

他还协助船舶工业总公司编制发展规划文集。1986 年 5 月，国家计委、国家科委向国务院所属各部门部署编制国家 2000 年科技、经济和社会发展规划任务，中国船舶工业总公司结合行业情况确立了 23 项选题，自 1986 年 5 月至 1987 年 6 月组织中国船舶工业集团公司第七〇八研究所等十几

图 5-3　在七〇八所院士办公室（2006 年赵吉庆摄）

个单位进行调研与综合论证。1987 年 8 月正式出版《中国船舶工业总公司二〇〇〇年科技、经济和社会发展规划文集》，文集分两大部分。第一部分发展战略研究，分成船舶工业发展战略综合研究、船舶出口战略研究、二〇〇〇年水运装备技术政策（船舶部分）、二〇〇〇年水运装备发展规划（船舶部分）、发展水运的若干问题及建议；第二部分专题研究，分成沿海、内河能源运输装备研究，重载车辆海湾轮渡方案研究等十八个专题研究。

组织编辑船型论文集。在许学彦指导下，1987 年七〇八所组织编写、出版了《液化气体船文集》。

20 世纪 80 年代，我国的船型开发还缺乏竞争力，一批现有船型需要更新换代，船舶类型、品种不齐全，不少新船型亟待开发。因此船型开发任务相当繁重。根据市场需要，许学彦组织民船开发指导组出版了《民船船型开发通讯》等刊物或文集，举办了全国民用船型开发交流会等活动，发挥了民船开发组在船型开发方面的指导作用，为促进船型开发和对船舶工业的发展做出了贡献。民船开发指导组经过调查研究，先后制定了几十种民用船舶标准船型并编辑出版，深受各方面欢迎。在 20 世纪 80 年代初期，通过改进设计及预研开发的一批新船型，提高了技术经济性能指标，使我国部分船型的科研设计水平迅速跟上了当时世界水平。

关心舰船科研设施

许学彦热爱造船事业，十分关心舰船科研设施的保护和利用，关心所的发展。2000年上海筹备举办世博会时，最初规划拟拆除中国船舶工业集团公司第七〇八研究所拖曳、风洞、造波水池等科研设施，拆除面积将占整个七〇八所园区90%左右，只留下一幢孤零零的科研办公楼，楼前门口就是西藏南路，这对一个舰船研究设计单位无疑会造成影响，也给科技人员工作和生活带来众多不便。许学彦院士得知这一消息，心中焦急，协助所领导，主动奔走，想方设法寻求既满足举办世博会的需要又能保留部分科研设施和科技人员工作生活需要。

2004年11月许学彦得知在上海市交通学会的学术年会上，同济大学杨东援副院长发表题为“面向世博会的城市一体化交通”的论文中讲述受上海市城市规划局委托，牵头组织校内有关学科的专家作世博会的交通规划。许学彦主动约请杨副院长来到所作“世博会与科技资源的开发利用”讲座。会议由许学彦主持，杨副院长指出，七〇八研究所是搞船舶设计的，希望能为世博会的水上交通设计出新的船型，为城市的交通发展做贡献。七〇八所卢霖副所长借此机会提出该所水池、风筒、造波等实验室在设计工作中的重要性，希望在世博会规划中能保留这些试验设备。杨副院长表示会充分考虑我所的建议，并向有关部门反映。许学彦表示，对于开发水上交通问题，七〇八所早在2004年5月以“关于充分利用黄浦区水道开发世博园水上交通事”函致世博局，主动愿意承担任务；同时对于杨副院长为保留我所实验设备，积极向有关部门反映表示感谢。

新闻媒体频频报道有关世博园区的建设及如何利用原有建筑的问题。2005年1月召开上海两会期间，有代表提出要按2003年开始实施的《上海市历史文化风貌保护区和优秀历史建筑保护条例》（以下简称《保护条例》，保护上海宝贵的历史文化遗产。《保护条例》）第九条规定：建成三十年以上，具有历史文化意义的优秀历史建筑应得到保护。七〇八所水池符合条例规定，属于保护之例。为此，许学彦等人向上海市文物管理委员会（市文管委）咨询和请求，市文委于 2005 年 3 月 11 日会同市房屋土地资源局来所了解情况，实地调查水池建筑及周围环境。经考察后认为，应该将七〇八所水池列入优秀历史建筑保护。

由于上海市城市规划局是“保护条例”管理的归口单位，为了把工作做细，许学彦不辞辛劳又和其他人员到该局规划处、规划业务处、城市雕塑等处，取得他们的支持。

后来许学彦又在上海世博局等有关部门召开的审议会上，介绍水池设备的建造、使用和存在的意义。经审议认为七〇八所试验水池属于优秀历史建筑应得到保护，建议在世博园区建设中请予以慎重考虑。

2004 年 11 月，世博会筹委会明确世博规划设计由同济大学负责。许学彦得知这一消息又写函邀请郑时龄院士、吴志强教授来所，许学彦再次申诉对拆迁我所园区的意见。郑时龄说：“我很理解八所的要求。”随后许学彦和 66 名研究员和高级工程师联名签名，函致有关部门重申世博园区建设要与科技园区建设并举，应充分考虑现已有科研单位的存在，在西藏路扩路和设出入口时从实际出发，尽量少拆或不拆，以确保七〇八所国家重点科研任务的完成和科研工作的有序进行。

由于许学彦的努力，使相关部门充分了解实际情况，调整了世博用地规划，2006 年起，周边地区陆续拆迁。七〇八所除科研大楼外，尚保留了两个水池及周边环境。

热心科普和青少年教育

许学彦倾心于舰船事业的发展，除了在技术领域认真钻研努力攀登外，还重视对青年学生的培养和引领。积极参加社区教育活动，到学校介绍我国船舶工业的发展，接待来访的大、中、小学生。他经常应邀为中小学生讲授船舶知识，用深厚丰富的科学知识为同学们深入浅出地讲解，赢得同学们的赞誉。他们纷纷围在许院士身边问这问那，而每当此时，许学彦总会和蔼地为同学们讲解，并不时勉励大家一定要努力学习，长大后通过自己的聪明才智为祖国设计建造更多更新颖的船舶。

2009 年 8 月 12 日上午，作为中国科学院院士、著名舰船设计专家、交大 1948 届校友的许学彦，在七〇八所接受了一支由上海交通大学机动学院和船建学院的同学组成的社会实践团的采访。在两个半小时的采访中，85 岁高龄的许院士以平和的语气，讲述了他不平凡的船舶设计生涯，提出了发展我国船舶工业的建议。

许院士说，船舶设计制造是一个复杂的系统工程，船舶工业水平的高低，是一个国家工业整体水平的综合体现。近年来，我国造船业发展迅速，年造船完工量名列世界第三，仅次于日韩。那么我国船舶工业与世界造船强国之间还存在着哪些差距呢？许院士认为，首先是我国船舶设计建造周期相对较长，管理水平较差，劳动生产率较低；其次是船舶配套设备

图 5-4　许学彦与暑期实践团成员共话中国造船发展与未来（2009 年赵吉庆摄）

发展跟不上；第三是高附加值船舶（如液化气船，豪华游轮等）设计建造尚有困难，部分核心技术尚未掌握。目前我国船舶出口主要是靠廉价劳动力取得竞争力的。许院士说，现在全球出现金融危机，我国船舶的订单明显减少了，产能过剩情况较严重。许院士觉得这正是提高自己技术水平的良机，因为这期间生产压力减少了，给科研留出了充裕的时间，趁此机会可以研究设计一些我国以前没有造过的船。

许学彦对于船舶专业人才的培养有着自己独到的见解。他觉得现在高校船舶方面专业化分得太细，不适合培养熟悉船舶制造各方面的综合型人才，因此现在非常缺乏可以担当总设计师的通才。专业化太细也不利于毕业生的就业，因为毕业生很难找到专业非常对口的工作。过去我们与国外的同行进行商务谈判时，我们要派出五、六个不同专业的人来谈判，他们只要一两个人就解决了。

最后，许院士为交大学子题词“前程万里”，并与大学生们合影留念。

经验的总结

改革开放后，许学彦还兼任了其他科技咨询性质的工作。主要有：1978年，许学彦兼任部级科学技术咨询委员会委员。1981年至1988年，许学彦担任全国船舶标准化技术委员会军辅船分委会主任委员，积极筹划和组织制订了军辅船技术标准，为我国军用船舶标准的建设做出了贡献。1985年至1986年期间，许学彦受中国船舶工业总公司委托，主持了国家经委重大攻关项目之一的“远洋船和出口船设备国产化咨询论证工作”。1986年，许学彦担任中国船舶总公司组织的“2000年科技经济和社会发展规划选题的可行性论证报告”编制的顾问工作。期间，他积极主动地指导科技人员，使七〇八研究所主编的“船舶工业战略方针”等九个子项目的报告都获得上级的肯定和好评。

在半个多世纪的船舶研究设计中，许学彦作为总设计师、总工程师，注意集中群众智慧，以创新的精神解决了很多技术难题和复杂的问题，形成了一些管理思路和科研设计中必须坚持的七个原则。

必须坚持具体问题，具体对待

研究问题首先要看对象。大千世界，事物千差万别，不同的对象应有不同的处理方式，不能固定不变，千篇一律。以舰船研究设计为例，若研究设计任务有相近的母型船，则设计阶段可简化，不必要进行很多次论证和方案设计，掌握这些设计的具体要求，选择相近的母型船，类比设计后即可做生产设计工作；若研究设计任务是前所未有的新型船，则必须先做调查研究，进行技术与经济两方面的论证，论证其技术上的可能性和经济上的合理性，然后进行方案设计、初步设计、详细设计和生产设计。再如，设计图纸资料的多少与简繁，不同的船厂要求不同，大船和小船要求也不同，大厂人员多、分工细，要求图纸按其分工绘制，自然就多、烦，小厂人员少、分工粗，图纸就可以少而简。又如各厂施工方法不同、工艺不同，要求图纸的设计绘制方法也不同，小厂一般用传统的工艺造船，设计图纸就可以按照各专业系统来绘制；大厂学习了国外的先进经验，用“托盘管理”的方法来造船。所谓“托盘管理”是日本造船的先进经验，它在装配船上各种设备、舾装件、管系、电缆、配件和附件时，须划定一个小的区域、一个分段，把所有船、机、电各工种的物品都安装起来，这样全船分成几个分段，同时进行装配。过去按全船系统来装配，工序上存在问题，后一道工序要等待前一道工序做完了才能进行，整个造船过程周期长。当然，“托盘管理”图纸设计的要求高了，过去图纸是按专业分工全船性绘制的，现在要在一个分段上把船、机、电、仪表、舾装件等都绘在一起，这对设绘人员的知识面、技术能力要求更高了。因此，舰船研究设计人员的思维特色之一是要注重一般性与特殊性相结合，原则性与灵活性相结合，即对不同的船舶、不同的工厂、不同的施工方法，研究设计在程序上、内容上都应区别对待。

必须坚持既要发挥群众智慧，又要有领导个人的正确决断

船舶是多专业、多学科综合研究的产品，其研究设计具有鲜明的集体创作的特征。为了发挥集体的智慧，许学彦在研究工作中注意集思广益，多方听取意见，然后再阐述自己的观点，让大家评头论足，并不断修改、完善研究思路。我们在方案设计与技术和经济论证阶段，有时在初步设计或详细设计阶段，每当设计或论证告一段落时，要举行组审、科审或室审，目的就是让设计人报告自己的设计思想、设计依据、设计方法和设计结果，让大家讨论、提意见，这样，既可发现问题，改进、提高设计质量，又可相互学习，共同提高技术水平。这是他发扬民主、发挥群众集体智慧行之有效的方法。

研究设计中作为总师，要发扬民主又需要敢于决断。例如，20 世纪 50 年代设计的东风号万吨远洋货船，当时许学彦是主持设计人，要对整个产品的质量负责。当时采用的船板是首次在船上使用的国产高强度低合金钢（锰合金钢），那时我国与世界一些著名的造船厂的造船规范中，都没有采用高强度低合金钢的计算方法，苏联有一本书讲到合金钢如何与普通强度钢进行换算的办法，它是以钢材屈服点的比例来换算的，如果按此方法，许学彦认为虽然从强度方面讲，无可非议，但船体还有一个稳定性，即刚性问题，不能仅从强度考虑，把船搞得很软；再者，所加的腐蚀裕度也不够，将来东风号要使用几十年，将会遇到各种恶劣的环境，加的腐蚀裕度要充分。在钢材的选择上，虽有不同意见，许学彦决定加大钢板的厚度。东风号建成使用后，用户反映船体刚性差了一些，有些门框因变形门关不上，这已是增加了厚度才达到的程度，否则船体刚度太软以致不能使用，国家将蒙受重大损失。

又如向阳红 10 号和打捞救生船，在两艘船型的防火问题上，设计了防火隔堵，船厂强调这项工作已十多年没做过了（防火隔堵在客船上才需要，货船上不需要），这方面的技术工人也没有了，要求取消，他不同意，因为防火是大事，关系到全船的安全。虽然有争论得面红耳赤，但他始终坚持不取消，得到使用方的理解和支持。

必须学点辩证法

船舶是个复杂的系统工程，众多的专业、众多的设备，各有各的特殊要求，不可能不发生矛盾，作为总设计师，首先是分析各种船舶的特点，然后抓牢这些特点，作为主要技术重点解决，要强调有全局观点、有取有舍、统筹兼顾，比如：东风号是货轮，其主要技术是装载量要多、航速要快、经济实用，因此其船体自重、航速、航行耗油量指标是重要指标；而护卫舰的主要技术是航速、武装攻击能力等；挖泥船的主要技术是挖泥能力；客船的主要技术是航速和客舱的生活、文娱条件；远望号航天测量船的主要技术是测量设备工作条件，如视角、稳定性、船体变形、振动、噪音等。

研究设计一种新型船舶，会碰到各种各样问题，首先需要区别主次要矛盾，要抓住主要矛盾不放，抓深抓好；其次要将矛盾问题分解，将大问题分解成小问题，有时一个大问题，笼统地看是很困难的，如果把它解剖成若干个小问题，再来看每个小问题就不难解决了。船的设计研究是不可能一步到位达到最佳设计的，而要运用逐步近似法则，要经过方案论证、方案设计、初步设计、技术设计、生产设计等诸多阶段，不断地修改提高，才能得出一个先进的设计、才能造出好的、性能优越、具有世界先进水平的船舶。同样在抓科研设计计划时，只要充分认识本专业的客观规律，抓住关键图纸，把握住质量、数量二个不同的度，切不可不论客观条件、盲目追求数量，要尊重研究工作的规律性，要尊重科学，一个好的设计方案可以为国家节省一大笔资金，可以使用很长时间。他反对那种追求时间效应，为某些节日献礼而粗制滥造。

必须一切从实际出发、不唯洋、不唯本

许学彦认为搞船舶研究设计要不为传统的条条框框所束缚，要勇于冲破传统观念、敢于创新。

在自行设计我国第一艘万吨级远洋货轮东风号时，对决定船体钢板厚度

的问题上许学彦对苏联书上计算方法持不同意见，那时在大力宣传向“老大哥”学习的政治氛围中，苏联的经验似乎就是“圣旨”，持不同意见是需要胆量的，许学彦从实际出发，不唯书，不唯洋，认为科学一定要根据实际情况，最后按照设计责任制：谁负责谁决定的原则，按许学彦的意见选择了船板的厚度。东风号建成使用后，跨洋越海、劈风斩浪，安全地航行了20多年，完成了它的历史使命，实践证明许学彦的意见是正确的。

同样，在设计某炮艇螺旋桨时，传统的方法是按照苏联克雷洛夫研究院的指导性文件，许学彦认为不能完全照抄照搬，因为炮艇是要打仗的，一定要适应实战的需要来设计，当时争论很激烈，许学彦阐述了自己的看法，得到了绝大多数同志的赞同，达成了共识。

20世纪90年代，新中国的造船业经过四十多年的发展，已具备一定的国际竞争能力，而代表当代造船业先进水平的，特别是造船的管理技术水平一流的，仍是日本、韩国等国家，所以国内许多大船厂学习国外的先进经验，用“托盘管理”的方法来造船，可以大大提高每年的造船总量，然而在中小船厂并不都具备实行“托盘管理”条件，他认为不同的厂管理方式、施工方法、工艺应不同，要求的图纸设计绘制方法也不同。许学彦认为，研究问题要看对象，不同的对象应有不同的处理方式，对不同的船舶、不同的造船厂、不同的施工方法，研究设计在程序上、内容上都应区别对待，不能固定不变、千篇一律。同样，在借鉴国外先进经验上，必须根据我国的实际情况、根据不同船型的不同用途，不能照抄、照搬，这是许学彦院士能作为船舶设计大师的特色思维之光。

必须要有超前意识，做好技术储备

面对当代科学技术日新月异的发展形势，更要注意技术的储备，提升我国船舶设计水平。

许学彦多年注意技术情报刊物上的新知识、新信息，结合工作消化吸收、为我所用；注意向同行请教，他认为同行中蕴藏着巨大的知识力量和宝贵的经验，可以学到许多书本上学不到的知识。同时他有一个良好的工作习惯，就是将收集到的资料与学习心得笔记，分门别类存入卷宗，遇到同类问题就可以拿出来参考，很起作用。1966 年 6 月中旬到 7 月中旬，许学彦跟随石油部组团去日本进行海上石油钻探装备的考察，一个月的时间访问了一个政府研究所、两所大学、五个协会、十二家船厂进行了技术交流座谈，签订了小型石油开采设备合同。他这次日本之行敏锐地感到海上石油开采的迫切性，当时海上石油的开采还是一项空白，凭其一个科技人员的直觉，认识到陆上石油总有枯竭之时，而海底蕴藏着丰富的石油资源，海上石油开采的争夺战不可避免，研制海上石油开采设备已迫在眉睫，他回国后，第一时间向所领导建议速抽调学有所长的科技人员，尽早从事海上石油开采相关工程船舶的研究开发工作。这是一个老科研人员对技术发展的展望，为我国现在已成为世界上为数不多的海洋结构物研究设计制造国家起了积极的促进作用。

必须坚持以人为本，要有全局观念、统筹兼顾

许学彦说，管理工作是与人打交道的，所以更要突出“以人为本”的思想，要虚心听取各方面的意见，要善于与人交朋友，了解对方的想法，这样了解客观情况，才能依据实际作出正确的判断。他还认为当有意见分歧时，声不在高，重在有理有据，要说服不同意见者，必须和风细雨、润物无声，只要是正确的、符合科学规律的，必须坚持意见，不能随风逐浪，而同志之间要关心对方，为别人多着想，以理解别人达到了解思路，以沟通达到见解一致。

船舶是个复杂的系统工程产品，众多的专业，众多的设备，各有各的特殊要求，不可能不发生矛盾。作为总设计师，首先是分析各种船舶的特点，然后抓牢这些特点，作为主要技术重点解决。而对于一般问题，强调要有全局观点，有取有舍、统筹兼顾，必要时要作些调整。比如东风号货船，其主要技术是装载的货物要多，航速要快，经济实用，因此船体自重、航速、航行耗油量指标是重要问题；护卫艇的主要技术是航速、武装攻击能力；挖泥船的主要技术是挖泥能力；客船的主要技术是航速和客舱的生活、文娱

条件；远望号航天综合测量船的主要技术是测量设备工作条件，如视角、船体变形、振动、噪音等。因此，对船舶设计者来说，学点辩证法是至关重要的。研究设计一条船，主要性能达到了，就属成功之作。

必须充分认识本专业的客观规律，抓住关键性图纸

在抓产品的研究设计进度上，他首先认识到研究设计是有步骤、有阶段、有程序地进行的。总体设计有一个等待设备研制部门提供装船数据（外形尺寸、重量、供电、供气等工作条件要求）的阶段；设备研制部门有一个等待总体设计提供船用环境条件的阶段。二者互相适应、相互制约。作为工程，应当有进度要求安排，但切不可不论客观条件，主观盲目地要求某月某日拿出设计图纸来。主观愿望不能代替客观实际，主观要求乃至行政命令逼迫出来的图纸，不是考虑不周、质量不高，就是敷衍草率，其后患无穷。质量与数量是一对矛盾，任何地方都存在。舰船研究设计工作的规律性很强，是一个系统工程，要尊重科学，精益求精，质量第一。任何事物都有个“度”，数量与质量也是如此，不能绝对化。

此外，在一个设计阶段开始时，要进行策划，他总是首先分析确定出关键性图纸。在船舶设计中，如总图、线型图、中截面图、基本结构图、肋骨线型图、机舱布置图、艉部侧形图等便是关键性图纸。很多图互相依靠、互相牵制，各专业负责人要相互配合、协调一致，以确保整个设计进度。

第六章
家和万事兴

知己贤妻和谐家

一个成功人士的背后，大都会有一个温暖家庭的支撑。在许学彦学术成长历程中，幸遇贤妻对他的理解和支持，使他能潜心自己所挚爱的事业。

图 6–1　许学彦与夫人邵廷惠结婚照（1953 年摄于上海）

1952 年，许学彦已到了谈婚论嫁的年龄了，经他的堂嫂介绍，他和邵廷惠相识。

邵廷惠，1928 年出生于安徽省怀远县。抗日战争时期，她到成都读书，抗战胜利后于

1946 年返回上海，1948 年考入上海复旦大学商学院合作经济系。

她和许学彦第一次见面时，许学彦就如实地讲述自己经济状况及存在的缺点。当时许学彦家庭经济不宽裕，加之他也不注重个人的穿着打扮，与邵廷惠约会时还常穿着衣领已翻毛的旧衬衫，约会时也只是吃碗菜汤面或菜饭。但邵廷惠并不计较这些，虽然相识不久，她就觉察到许学彦是个孝敬父母、关爱家庭、为人忠厚老实，很实在，嫁给这样的人很有安全感。

邵廷惠大学毕业后，被分配至安徽芜湖当教员，二人两地鸿雁传书不断，邵廷惠聪颖、活跃、直爽、贤惠；许学彦稳重、真诚、质朴、内向，他们二人的性格虽说大相径庭，但邵廷惠为许学彦真诚可靠的人品所吸引，许学彦也为邵廷惠的勤勉善良之性情所打动。他们于 1953 年 3 月 25 日，在船舶局内花了 20 元钱，以糖果、茶水招待来宾，在亲朋好友同事们的祝福声中结为连理。从此邵廷惠就与许学彦学术成长、事业发展休戚相关，他们相知、相爱、相助、相伴携手几十载。邵廷惠在单位工作努力，业务水平高，各方面表现突出，1956 年厂里加工资给她连升四级。1983 年 3% 工资调整，厂里采取考试的办法，她在全厂办公系统名列前茅，厂里又给她提了一级。在家里她是一位贤惠的妻子，她善待公婆，辅助丈夫、教育女儿，免除许学彦的后顾之忧，使许学彦能将全部精力扑在舰船科研设计上。她支撑起整个家庭，为建立温馨家庭无私奉献、无怨无悔[①]。

邵廷惠常常对人讲："我们家最大的特点是和睦。"说起夫妻间的相处之道，许学彦写下 24 字：相互尊重、关心爱护、彼此依靠、理解包容、真诚信任、尽责尽力。许学彦说，要做到这 24 个字不容易，现在社会上的小夫妻爱吵架，动不动就要闹离婚，夫妻间吵架总会有的，不过，过去就过去了，争吵的时候要互相理解包容，她和你吵，实质上还是为你好。邵廷惠回忆道："结婚初期洗衣服都是我搓洗，老许过净，大的衣服被单等就二人各抓一头拧水，和谐温馨。但当老许接手军品任务后，就开始很

① 邵廷惠访谈，2012 年 6 月 1 日，上海。资料存于采集工程数据库。

少管理家务了。”1958 年许学彦父母来沪居住，家中二个女儿尚小，家务更为繁重，但婆媳关系非常融洽。婚后许学彦的母亲到上海，一家三代人共同生活。邵廷惠说：“婆婆虽然年幼时裹足，小脚行走不便，但也尽力帮助做家务。婆婆也很会做思想工作，日常的生活中总免不了会奏响锅碗瓢勺交响曲，自己是个直性子，事儿一多也免不了唠叨，这时婆婆会和她一起数落儿子的不是，并说是自己不好，没有教会他做事，但事后又会婉转地劝说要体谅儿子，要支持男人做事，大事化小、小事化了，一家三代总是和和气气、相安无事。”①

许学彦喜欢书，有时看到一本书其中有一页有用的，他都要买回来，买不到的，他会去图书馆借回来抄，来不及抄，就叫邵廷惠一起抄，甚至连夜抄写，搬家时书实在太多，装了几车，有时不得已只好处理掉。许学彦总说工作需要学多面知识，知识面广，专业功底深厚。他平时木讷少言，也无烟酒等嗜好。刚结婚时，许学彦的妈妈对邵廷惠说：“我的儿子是个哑巴。”邵廷惠和许学彦有矛盾时会多说几句，许学彦拿张报纸遮住脸不吭声②。

80 岁时的老许又学习电脑，经常上网浏览收集资料，并乐此不疲。

许夫人说：“老许对我很尊重，家中一切都交我当家。我和他谈谈家里事情，他总说一切你看着办。以前上海交通状况一直是很紧张的，每天上下班挤公交车是个很头疼的事，老许想买辆自行车，但我考虑他工作忙，经常要加班，况且老许有时还会犯头晕病，晚上骑车也不安全，所以就没同意。老许为此生起了闷气，当时我家的钱都放在抽屉里，他完全可以自己拿去买，但他尽管生闷气，我没同意他买，他就不买。后来还是婆婆帮他说话，并约法三章：头晕或不舒服时不骑、下雨不骑、加班太晚不骑，这才同意他去买了自行车。”③

许学彦与夫人邵廷惠六十余年的共同生活，同甘苦、淡泊名利，共同的人生观、价值观创造了共同的事业观和幸福家庭。2013 年许院士已是 90

① 邵廷惠访谈，2012 年 6 月 1 日，上海。资料存于采集工程数据库。
② 同上。
③ 同①。

高龄，我们请他审阅老科学家学术成长采集工程研究报告，许院士眼睛不大好，许夫人就念给他听，我们说院士辛苦了，许夫人开玩笑地说："他不辛苦我辛苦，是我念给他听的。"

爱心相传教子女

许学彦夫妇有三个女儿，她们从小生活在浓厚的文化氛围中，许学彦对知识的渴望、事业的追求、良好的道德情操和朴素的生活作风，潜移默化地影响着子女，使他们养成了勤奋好学、诚实做人的良好习惯。许学彦孝敬长辈，至今女儿还总记得他爸爸常帮祖母修剪脚趾甲的情景，女儿们长大后看到老许那么忙，就主动把这个活接了过去，后来老许夫妇年纪大了，二女儿的儿子又接过这个传统，帮外公外婆修剪起脚趾甲。

许学彦夫妇对子女既严格要求，又呵护关爱。三个女儿在父母影响下、认真学习积极进取，在各自工作岗位上都取得了成绩。"文化大革命"中大女儿初中毕业了，为响应"知识青年到农村去"的号召，去了江西农场，许学彦鼓励她，青年人要有远大理想，出去后在各方面都能得到锻炼，成为有用之才。他每月都要寄一包书报给大女儿，督促她劳动之余不忘学习，教育她人要有所作为，不可不学习。

他支持二女儿放弃去工厂的机会，而去读了卫校，之后进了医院当了一名医务人员。女儿们学习上碰到难题，许学彦总是耐心辅导，循循善诱，从不发火；女儿们谈恋爱，夫妇俩总是尊重孩子们的选择，他们选择女婿从不考虑经济地位、相貌等问题，只要人品好，肯学习，有上进心就行。孩子们相爱、幸福，父母就满意。许夫人说他们家没有大起大落的事，生活是平淡的，全家彼此都为家人着想，为别人着想，真心待人，和谐相处。

许学彦家的"三朵金花"如今两个在美国生活，一个在上海，都在各

图 6-2　2006 年 5 月女儿一家来沪探亲时合影

自事业上做出贡献，由于许学彦的言传身教，给儿孙们树立了榜样，儿孙们也为这个家庭增添了光彩。小女儿的孩子，也就是许学彦的小外孙邓凯达特别崇拜外公。那年从美国回来，看到外公虽然高龄却仍然坚持每天晚上看书，就打心眼里佩服。两代人一起讨论高等数学，邓凯达这才恍然大悟原来自己的外公当年读书时候打下了那么坚实的基础①。

说起邓凯达，许学彦总是显得很兴奋："他现在在哥伦比亚大学工学院求读，大一。他一直很想读金融工程，但老师说，大家都很想读金融，只有 1/100 的录取机会，于是他发奋用功，争取有好的成绩。"邓凯达是个兴趣广泛的年轻人，喜欢参加比赛，曾多次在国际象棋、网球、游泳、计算机以及数学模型比赛上得过奖。爷孙之间仿佛有"隔代遗传"，许学彦说："外孙说自己不是很聪明，看书要看六七遍才记得住，我觉得他可能谦虚了，不过用功的确很好，这一点和我很像。"

三年自然灾害时期是新中国历史上困难时期，老百姓吃饭是个大问题，相对而言，老许家经济略为好些，老许二女儿有个同学因家中兄弟姊妹多而经常吃不饱，老许知道后，常让女儿拿些馒头包子之类点心接济

① 邓凯达访谈，2012 年 6 月 18 日，上海。资料存于采集工程数据库。

图 6-3 许学彦与在美国读书的外孙视频聊天交流（2003 年摄）

他，有时还让他带些回家给家人，每当学期开学之际，老许买学习用品都是双份，一份送给那个同学。

住在番禺路的邻居和里弄干部都知道，要知道许学彦是否在家，只要看他家的灯就行了，晚上 11 点灯还亮着，老许肯定在家。许学彦在单位是专家，工作特别繁忙，但他不管在哪里都没有架子，规定的事从不打折扣，番禺路里弄改造要新装煤气，规定每家出一名男劳力去挖埋管道的坑，老许家都是女孩子，只有老许一个男性，老许就按时去里弄报到参加挖坑，里弄干部说他太忙就不要参加了，他说："既然有规定就不能破坏，何况我们家还是五好家庭。"①

许学彦说，人能够活在世上，就应该给这个世界做点事情，如果你不仅不做贡献，还给社会和周围的人造成负担，这是极不应该的。

在女儿们的心中：爸爸是个脾气好、为人忠厚老实、生活简朴、却很少有空闲的大忙人，妈妈是风风火火、里里外外当家理财的一家之主。许学彦回顾以往，深情地说："我一生无愧于自己的事业，但对家人和亲人，总有着一种挥之不去的情愫，我人生中比较遗憾的事情，一是对自己的父母，我的母亲年纪大了住在我家，86 岁时不小心跌了一跤，骨折了，由于年纪大了不好开刀，后来就这么去世了。我一直内疚为什么没有照顾好她，让她在家里跌倒。另外一个遗憾就是对自己的三个女儿未能更多加照顾。"②

① 邵廷惠访谈，2012 年 6 月 1 日，上海。资料存于采集工程数据库。

② 许学彦访谈，2012 年 6 月 18 日，上海。存地同上。

潜心事业淡名利

许学彦低调做人、谦虚为人、热爱事业、刻苦钻研技术的精神形成了他独特的人格魅力；而他深厚的业务功底促使他敢于突破传统，向世界一流冲击；更由于他在新中国船舶设计建造这个大舞台上，实现自己的梦想，为祖国国防出力，为党的事业奉献的理想信念，使他有所作为，成为一位舰船科研设计专家、中国科学院院士。

许学彦对工作的投入是全身心的，常常忘了自己、忘了家人，抗日战争时患上了丹毒症，因逃难得不到良好的治疗和休息，留下左腿浮肿的后遗症，一旦劳累了就会复发，每年都会有一两次的发作，发作时经常是近40摄氏度的高烧不退，腿肿得不能行走，需要住院打点滴，20世纪五六十年代住院很困难，都是许夫人通过其姐姐帮忙，住进她所工作的黄浦区中心医院治疗，待高烧退后或一个疗程的点滴后便回家继续休养。由于许学彦的设计任务很重，因而即便生病期间，来找他商量工作的同事仍是为数不少，有时一谈就是大半天，可以说这时的许学彦虽然躺在病床上，但也只是将办公地点换了个地方，就是同事不来，他也不是看书就是计算，这时的许夫人只是默默地照顾着他、支持着他。许学彦的丹毒是很严重的，有一年丹毒连续发作使老许痛苦不堪，高烧又影响了设计工作，他甚至想到以锯腿的方式来一次性解决，许学彦认为锯了腿他还能看书、还能计算、还能动脑动手，不会影响设计工作、一经提出，家里人都反对，医生也劝许学彦要慎重考虑，毕竟锯腿不是小事，要影响人生的后半辈子，尽量要保住双腿，不要轻易冒险，此举这才作罢。然而对于抗战期间留下的这个后遗症，更使许学彦对侵略者恨之入骨，也源于此，他对加强海军力量、加强国防建设就更为执着。曾经有一次在发病高烧时，恰逢两天后是七一八工程协调会，妻子劝他等好一些再去，他总反复强调一句话："我是抓总的，不去怎么行？"妻子拗不过他，只得默默地帮他收拾行李，送他上了飞机。[①]

许学彦一心扑在造船事业上，他的女儿2岁时，他为施工设计驻在沪东厂很长时间没能回家，以至于当工作告一段落回家时，小女儿都认不出他了，许学彦进门时，女儿把他推出门外，小嘴还直嚷嚷："陌生人来了。"至今许夫人谈起此事还乐不可支。当二女儿至今讲起父亲时还是说小时候对父亲的印象不深。

许学彦极其热爱舰船设计研究事业，他将船舶比喻成是他最亲爱的孩子。他在《我与江南船厂的情谊》一文中写道："大跃进"时的东风号建造，施工设计就在江南厂船台边一座简陋的小屋里，夏季的上海闷热难挡，简陋的房屋隔热极差，更像蒸笼一般，闷热而又不透风，在里面的人都是大把大把的汗往下淌，工人、干部、设计人员都挤在里面共同攻关，那时那种苦干实干的精神和互帮互助的场景令许学彦十分留念。"待总装完成，每日清晨，晨曦微露，薄雾轻绕，浦江流动的微波如温柔的幕布，衬托着大地，站在船台边上，看着从自己手中孕育出的中国第一艘万吨级远洋轮的迷人雄姿，若隐若现、美丽大方，此时犹如身处如诗如画的意境之中，令人陶醉……"感人肺腑的描述足以体现那一代创业人的胸襟情操。

尽管许学彦在我国造船史上参与创造了这么多个第一，但许夫人却说"他是个只知道1+1就是2的人。"许夫人讲他从来不会讲"考虑考虑"之类的话："我劝他这么讲可以给人以安慰，他却说：答应不了的事就是不能答应，不能对人家含含糊糊的。"许夫人说，"我给你讲个小笑话，有一次他们单位组织去旅游，为了便于寻找人，发给每人一顶小帽子，要求一定要戴上。到了吃晚饭时，大家都没戴，只有许学彦一人还戴着，我说你也摘了吧，可是他说规定戴就要戴，事后单位领导还表扬他。"虽然嘴上絮叨许院士"顶真得有点傻"，但许夫人很欣赏许院士的认真态度："他耐得住性子，每一件事情都认真做，而且特别细心，定得下心来做研究。"对于许院士所获得的荣誉，他的夫人却是和许学彦如出一辙说："老许是

① 许文访谈，2012年6月18日，上海。资料存于采集工程数据库。

恰逢其时，机缘相投。”

谈到家风，许学彦概括为16个字：谦虚为人、诚实做事、崇尚技术、为民服务。这正是他一生实践的准则。

谦虚为人。全国科学大会时，会上给每人拍一张照片，所里为他装了镜框让他挂在家里，他没要，他说：“这不是我一个人的荣誉，应挂在所里。”后来《名人》杂志牛群、《钱江晚报》来采访他，给他拍照片，家里人要挂在厅里，他把它放在床底下，最后在夫人和女儿的劝说下才挂在卧室里。

诚实做事。第一次参加海济号设计，要画线型图，根据学校学的知识定的系数，画出来的图三点不能重合在一起，他反复修改，直到三点重合。使他懂得做事情就得认认真真、踏踏实实。既要做大事，也要做小事，既要做有名的事、也要做无名的事，不能挑挑拣拣，要服从组织安排。20世纪80年代开始搞出口船，所里编写出口船参考资料，他主编了20期，这种事当时无人愿做，因为这是为人家服务，六机部程辛部长在会上讲，这工作重要，许学彦就接受了。他说做事要诚信，才能取得别人信任。

崇尚技术。许学彦说：从小受家里影响，要有一技之长才能养活自己，靠家里那点田养不活一家老小。我对技术比较重视，大女儿的对象是农村出身的，家庭经济不太好，当时每月只有36元，负担家里6元，只有30元供二人生活，邵廷惠的姐姐、弟弟都反对，但我同意，看重的是他爱学习。三个女儿结婚都很平常，这也是我们择婿的标准。

为民服务。许学彦说：接七一八工程时，一次搞两条辅船在长沙开会，当时我脚发病躺在床上，家人都劝我不要去了，但我是主办不能不去，还是带病乘飞机去开会。毛泽东同志在《为人民服务》中号召我们要全心全意为人民服务，科研设计就是为国民经济和国防服务为使用部门服务，工作就是服务，服务就要全心全意，就要不怕困难。

有人看到他积劳成疾的身体，就问他：“你这么卖命，图个啥？”他说：“这是我的工作，我得干好，别的啥也不图。”有时遇到技术难题，领导交给他解决，他从来未曾有过二话，再大的困难，他都想方设法去解决。他设计的船早已名扬四海，而他的名字却鲜为人知，当有记者请他谈谈多年的科研设计成就时，他总是谦虚诚恳地说：“造船和别的行业不一

图 6-4 许学彦在家里养花（2003 年摄于上海）

样，它是一项集体的工程，它涉及面太广，靠个人的智慧和能力是造不出船的，每条船都是集体智慧的结晶。我只是很幸运地成为一个代表而已。”这正是许学彦的坦荡胸怀。

近年来，由于他年事已高，单位让他多在家休息，天气不好就不用来单位了，他即使不去单位，仍站在位于七〇八所家属区宿舍的窗口看着职工们上班，眼望着单位许久许久不愿离开窗口。许夫人说他是个“工作狂”，只有在办公室，他才感到心情平静。

晚年的许学彦总是喜欢拄着拐杖慢慢地走着来单位，他仍关心祖国舰船事业和单位的发展，休息时他还喜欢摆弄花花草草的小盆景，或与老伴一起旅游拍照。回顾自己 90 年来的人生历程，许学彦用“快乐大于忧伤”来给自己定调：“现在我写了个遗嘱给我的女儿，我跟我爱人也商量过，大家都同意了。主要内容是，身后不开追悼会、不开告别会、不开追思会、不买墓地、不立墓碑。生命本来就是静静地来，悄悄地去，国家的土地也很珍贵。还有就是骨灰撒大海，不要留这个东西，真要想给女儿留些什么纪念的，就留个相册吧。留下个墓地，或者留个骨灰盒子，有的家庭还设个灵堂，这些都是在给后代找麻烦。我说不要给他们找麻烦，人走了就走了，现在清明扫墓到外地，又挤又劳民伤财，我觉得没意思。我对名利和生命看得也很淡，人活的时候好好工作，给社会做些贡献，死了就烟消云散。”[①]

① 许学彦访谈，2012 年 9 月 5 日，上海。资料存于采集工程数据库。

大爱无言

光阴荏苒，当年的小女孩现已过“知天命”之年，儿时的快乐、成长的经历中无不印刻父母的养育之恩，让她们铭刻心间。许学彦二女儿许文这样回忆和评价自己的父亲：

我爸为人忠厚、老实、待人诚恳、生活简朴、无不良嗜好。对子女的关心体现在各个方面。他脾气好，从未见他发过火。我们如在学习上碰到什么困难，向他求助，他总会很耐心地给我们做讲解，从不厌烦，只可惜他实在工作太忙了，很少有空闲的时候。爸爸事业心很强，他热爱自己的工作，他总说党和国家培养了我，我要尽力把工作做好。言语很朴实，但体现了他对党和祖国的一片赤诚之心。

我爸爸在生活上很朴素，那时我看到其他同学的父母穿羊绒衫，让爸爸也去买一件，他没同意，我同学听说后笑我爸爸是“鲜奶蛋糕装在皮鞋盒里，”说他不会包装自己，后来我为他买了一件，穿在身上，人家都说很好看，他自己是肯定不会去买的。我小时候到同学家里，人家都有沙发，我们家没有，我们家第一只沙发还是请人制作的，现在爸爸家里的沙发还是老的，我让他们再买只新的坐起来可舒服些，他们也不肯。他说能坐就可以了。在生活上从不讲究。

我幼小时，对爸爸印象不深，因为他常不在家，妈妈很辛苦，带我们上公园或是去看病，总是她一个人。有一次爸爸出差了很长时间才回家，我把他推到门外以为是陌生人来了。

爸爸工作时，会把全身心都投入进去，常常忘了自己、忘了家人，我记得小时候，有一次爸爸加班忘了时间到晚上 10 点多了还不回家，那时没电话联系，妈妈和我们几个孩子都不知道怎么办，还怕他骑车路上不安全，差点就想去报警了。

爸爸年轻时，在抗战期间，由于逃难，腿上的丹毒没彻底治好，留下了后遗症，劳累了就会复发，每次发作就会发高烧，腿肿得不能走路，无奈之下只能病假在家，但就是在家休息，他总是捧着一本书，看书或计算。他等于把办公地点换了一个地方，有次发高烧，挂了几天盐水，体温还没退至正常。但任务来了，需要他出差坐船到大连，他二话没说，马上整理好行装就走了，妈妈心疼得只能流泪，但无法阻拦。爸爸爱学习、爱钻研，做事一丝不苟、认真负责，从不马虎，给我们留下了深刻的印象。

我记得我姐姐中学毕业去了江西农场。那时是根据毛主席的指示，知识青年都要到农村去锻炼，我姐姐当时没满 16 岁，从没离开过家里。一个人要出去吃苦有点害怕，爸爸就鼓励她，告诉她年轻人要有远大理想，离开父母能在各方面得到锻炼将来会成为有用之才，并经常寄书给她，督促她，劳动之余不能忘了学习。结果由于我姐姐工作努力，又爱学习，农场去了二年就推荐上了大学（工农兵大学生）。

我中学毕业时，按照当时的政策，可以分到工厂企业，这在当时是最好的工作了。因为当时还在“文化大革命”期间，读书无用论还很猖獗，但我爸妈一致认为多学知识总归不会错。他们就鼓励我，报名读卫校，结果我的报名使中学的校长很感动，让我在广播中讲讲我的想法。想不到广播后，有七名同学报了卫校，这在当时读卫校的名额是很难分配出去的，工厂名额是最好的，我把进工厂的名额让了出来，老师的分配工作又顺利了很多。

爸爸对工作的认真态度影响到我和儿子的工作态度，我儿子现在第九人民医院实习，到吃午饭时间，别人都走了，他还坚持等最后一个病人送回单子再走，他说对待病人一点也不能马虎，得到指导老师的好评。

我工作后，爸爸有空时，也会常听我讲讲医院的事，并常提醒我要对病人负责，这是人命关天的大事，服务态度要好。在父母的言传身教影响下，我在工作中也是认真负责，从不敢疏忽。我爸脾气很

图 6–5　许学彦全家福（2006 年 5 月摄）

好，对孩子从不打骂。有事时他会耐心细致地做思想工作。而且爸爸很有民主作风意识。我们子女有事都喜欢找他商量，连我妹妹的儿子、在美国要准备报考大学了，都会来电话跟外公商量读哪所大学较合适。

爸爸爱学习的精神，一直是我们学习的榜样。他在近八十岁时，还报名参加电脑班的学习。平时，他会跟外孙学习新的电脑知识，他还始终保持着一颗童心，喜欢跟年轻人一起出去踏青（当然是我们扶着他），还会和我们一起打牌，牌技一点不差。

爸爸还会在吃晚饭时，经常给我们讲讲国内形势、国际形势。讲讲过去的往事，一家人沉浸在其乐融融的氛围之中。爸爸是个讲科学的人，从不相信迷信，也不相信道听途说，喜欢用科学的眼光来对待每一件事。比如，以前家里老人喜欢擦铝锅的外表，认为烧黑难看，但他会给我们讲，氧化铝是一层保护膜，不能擦掉的。当然有时也会过于认真，但这是他的性格，已深入骨髓了。

爸爸平时非常孝敬长辈，我常看见他帮祖母剪脚趾甲。但他工作太忙了，我长大了也就把这个活接下来了。孝敬长辈、尊重老人是我们家的传统。现在我爸爸也老了，眼力不行了，我儿子也会帮外公剪趾甲。爸爸对待别人总是很宽容，从不在背后说人坏话，总是记得别人对他的好。我记得小时候，三年自然灾害时，我同学家里兄弟多，常吃不太饱，她到我家里来玩时，爸妈常会让我拿点包子之类的点心给她吃，还让她带几个回家。每年开学前，帮我买学习用品时，总会给我同学也买上一份。还有我家对门有一位孤老，里弄干部想照顾他，就想为他家装一个应急招呼铃，我爸妈很主动将这事承担下来，老人只要一按铃我们家就响铃声，不管什么时候我爸妈就会赶过去帮助他，尽管这些都是小事，但体现出了我爸妈的善良和乐于助人之心。

许学彦的女婿陈安扬在回忆岳父许学彦时写道：

许学彦是我的岳父，也是我最敬重的长辈，在我们一起共同相处的三十多年中，有着许多值得永久保存的回忆。

我和爱人的相识是在一位双方父亲的校友家中，我父亲和岳父在抗战时期都曾在贵州的国立三中求学，但一个在高中部，一个在师范部，二人并不熟，三十年前在上海的同学聚会时，同为校友的上海工程技术大学黄子俊教授在聊天时，热心地做起了红娘，为下一代牵线搭桥，经过一段时间的交往，我受邀拜见岳父母，开始非常紧张，因为岳父当时已有相当的地位和不少荣誉称号。但经过简单的交谈，他就让我消除了忐忑的心情。岳父非常随和、平易近人，亲切的讲话打消了我的紧张，在询问了我的工作、学习状况以后，鼓励我努力工作，不要浪费大好的青春年华，做一个对社会有用的人。

随着我和爱人的深入交往，与岳父的接触也多了，也越来越敬重他的为人。他是一个不善言辞的人，平时话不多，但若跟他聊起工作上的事，他会神采飞扬、滔滔不绝，可以看出他对工作的热爱程度非常深。

我结婚的时候，岳父要求我们简办，不要铺张，这也是他生活中的一贯作风。婚后居住在一起，因为岳父对生活上比较随和，大家庭的生活非常融洽，这么多年没有因为什么事情闹矛盾、发生争执。

在我们有了孩子以后，岳父母尽心帮着照看，有一年我正好出差在外，突然下起大雪，天气以下变冷，岳父急忙出门给小外孙去买棉裤。为了小孩的教育，当我工作较忙的时候，经常是岳父带着我的儿子去参加书法、英语等学习班，这一刻他完全是一个尽职、慈祥的外公。

我父母的年龄比我岳父要大，当他们身体不好的时候，岳父和岳母会常去探望他们。在我父亲病危时，岳父已近90高龄，腿脚因患丹毒而非常不便，但他仍执意要前往探望，当他坐了近一个小时出租车赶到医院时，我母亲和兄弟、姐妹都非常感动。

在生活中，我和爱人有时也会为了一些琐事磕磕碰碰闹些矛盾。岳父就会很耐心地听我们讲事情的缘由，帮我们分析、判断而后又摆事实、讲道理，把我们二人都说的口服心服，我觉得岳父还是很会做思想工作，他遇事很冷静、客观，使人肃然起敬。

岳父在工作之余喜欢听音乐、陶冶性情。原来家中的一台音响不太好用了，为了买一套高保真和心仪的音响，他会以对待科研工作时的认真态度去调查研究，四处奔波，挑选合适的音响设备，体现了他一贯做事认真的性格。

总之，在过去的三十多年中，我从岳父身上学到了许多优良品质，他在工作中认真负责、工作时吃苦耐劳、淡泊对待荣誉、名声，为国家作了很大贡献，在我的身边有这样一位真实的榜样是我的幸运，我会认真学习，努力进取。

许学彦的大外孙陈哲远这样评价他的外公：

从小在外公外婆身边长大，我的外公是一位慈祥的可亲可爱的外公，尽管我的外公工作很忙，但从我记事起，我就很喜欢我的外公了，因为他没有家长的架子，对我各方面都很关心，听妈妈说：在我很小的时候，有一年冬天下雪，他马上想到我棉衣是否够保暖，因我妈妈在医院值班，他就冒着大雪，去给我买棉衣裤了，外公当时已是年过七旬的老人了，现在想起来还是令我感动不已，我从小受外公的教导和影响，做事严谨、对人诚恳。还有外公对事业的追求，都给我们后辈树立了很好的榜样。我一直以为我有这样的好外公而骄傲。受他影响，我从小就喜欢做船模，做了好多船模放在玻璃橱里，这也是我家的一大特色吧。外公又是一位好学的老人，尽管他年纪大了，学习新的知识比不上年轻人。但他不服老，他在近 80 岁时，还参加了电脑培训班，上课回家后，为加深印象，每次都会复习一遍，有时碰到问题他还会向我请教，每当此时，我就会很开心，因为外公一点没有架子，很虚心好学的。

外公还喜欢集邮和摄影，他在空闲的时候，会摆弄邮票。外出旅游时，总喜欢拍照，有时亲戚朋友聚会时，他也喜欢帮大家拍照，回家后放在电脑里欣赏之余，他还会挑选好的，印成照片送给别人，他觉得帮别人做点事，心情很愉快，外公的心态一点不老，很喜欢和我们年轻人一起聊天，他有时还会给我们讲他年轻时的事，回忆抗日战争、解放战争等很多往事，让我们珍惜今天的幸福生活。如今外公已是耄耋老人了，他还是很关心国内国际大事，每天看报，看电视、听广播，也会对时事谈谈他的见解，外公还非常喜欢听音乐，以陶冶情操，我回到家里，常常能听到悦耳的音乐在耳边迴荡，让我们全家都感觉很温馨，外公还特意送了我一套世界名曲欣赏的 CD，那可有几十张呢，这是外公送给我的精神食粮，我知道这是外公想培养我做一个有修养的人，我还清楚地记得：外公曾特地去买了三本《钢铁是怎样炼成的》，作为礼物分别送给我们两个外孙和一个外孙女，并在扉页上写上他对我们的期望。外公在我心目中是位巨人，我将毕生向前追赶。

小外孙邓凯达在美国上大学之前，写过一篇作文，题目是《请描述一位对您有很大影响的人》，他马上想到的是外公许学彦，作文如下：

外公的船是怎样漂浮起来的？那些钢铁的庞然大物看起来注定会沉没，但它们却那么悠然地从海面划过。这究竟是怎么做到的？我的外公知道这个秘密。

童年时，我挥舞着外公那船形的奖章，假装自己是个探险家，在外公那迷宫一样的家里跑来跑去。每次探险结束时，我总是一边缠着外公要冰淇淋吃，一边打听装饰在迷宫墙上的那些船的图纸。外公总是在一片吵嚷中心满意足地看着自己可爱的外孙。很久以后，我才明白那些蓝图、奖章和模型是什么。那是美味冷饮款待我的亲爱的外公设计过的万吨巨轮。

许多年前的一个冬天，外公腿部感染需要卧床，他坚持在病床上工作。他的专注、坚韧和不懈努力终于有了回报，外公设计了中国第一艘万吨货船。但腿部的感染也给他留下了后遗症，腿疾经常会复发。如今，87 岁高龄的他，尽管有着腿疾和严重的关节炎，仍然每天步行去上班。有时候，听着他讲话，我会想“70 年后，什么会让我有这样的动力？”直到今天，外公仍常工作到深夜。这也让我思考：我今后会做什么？

如今，我被数学的逻辑之美和科学发现的种种可能深深吸引。在一次国际数学竞赛中，构建数学模块的喜悦感吸引了我的注意。有机会通过实验来评估自己的假设，这让我喜欢上了科学。好奇心和数学语言是否有助于我了解周边的世界？ 我急切地渴望赶上那个我想成为的人，我希望能有所成就，将来有可能赶得上外公的创造。这种想法引导我进入科研领域，让我有机会开发出以纳米技术为基础的氢传感器； 有趣的是，这与万吨轮在尺寸上可是大相径庭啊。虽然在数学竞赛中为商业扩展方案构建模块或测试新开发的氢传感器理论，与设计轮船没有多少共同点，但他们都必须站得住脚（滴水不漏）。通过探索，我已经有足够的信心解答自己的疑问。外公的船，虽然是由很重的钢铁构造而成，却因含有足够的空间从而确保其密度低于载船的水。这个特点，一个所有船只分享的秘密，让它们浮在水面上。外公对于设计中方法和逻辑的关注就像这些船舶钢铁的基础，而他对工作的热情就像空气那样，确保船舶浮于水上。外公这种完美的结合也是我在生活中所寻求的。虽然还被一些问题困扰，但我相信在像大海般宽广的未来，某个地方一定有我的道路。我知道拥有独一无二的外公的智慧和支持，现在是时候让我扬帆起航了。

对于浩瀚的海洋来说，许学彦设计的船是渺小的；对于茫茫的宇宙来说，海洋又是渺小的。法国17世纪的大科学家帕斯卡说过这样富有哲理的话："通过空间，宇宙将我像一粒微尘那样攫住并吞没——而我则用思想把宇宙攫住。"许学彦正是用他的心血和智慧把茫茫大海攫住的人！

结语

任何一个人的成长都与他们所处的时代背景，人生追求密切相关。许学彦一生跨越了新旧中国两个不同社会，经历了新中国改革开放前后两个不同阶段，见证了中国舰船科研力量的壮大和造船工业的发展。

在全面研究分析所搜集到的资料之后，发现许学彦学术成长历程中有许多和其他科学家相似的经历，他几十年平凡、默默无闻地工作在舰船设计中，但平凡中蕴含着不平凡和伟大。许学彦学术成长有其显著特点。一是勤奋学习，不断吸取。船舶设计制造涉及机械、电气、航海、装饰等很多专业，所以痴迷造船的他对知识的渴求有着广泛的兴趣。他说："自己最大的爱好就是读书。要注意学习新知识，注意技术储备，只有这样才能适应中国造船事业的发展。"许学彦夫人告诉我们："他最爱逛书店，哪怕书里只有一篇文章对他有用，也一定要买回来。现在年届九十岁的他还孜孜不倦地学习电脑，经常上网看新闻查资料。"许学彦说，作为研究设计人员，面对当代科学技术日新月异的发展形势，更应该注意更新知识，更新观念，适应新时代的需要。注意收集研究舰船设计领域情报刊物上的新知识、新信息，消化吸收，结合实际，为我所用。例如，他在船厂设计向阳红 10 号和打捞救生船，原先推进器设计 4 个叶瓣，他从国外资料上看到，国际上现在流行 5 个叶瓣，尤其是功率大的高速船 5 叶瓣居多，其好处是减少振动，同时航速损失甚小。他说，我们的这两型船，功率较大，上面居住着很多人，又有很多精密仪器，振动问题十分重要。因此，他征求有关专业人员和工厂工艺人员的意见，最后做出决定，改为5个叶瓣。制造成功后，效果很好。这是我国造船历史上最早使用5叶瓣的推进器。现在5叶瓣推进器已在船舶制造中广泛使用了。

他注意在实践中学习和向群众请教，向他周围的工作人员请教。孔子说，三人行，必有我师。群众中蕴藏着巨大的知识力量和宝贵的工作经验。他说，虚心向群众请教，可以学到许多书本上学不到的知识，尤其是那些怎样将科学思想与工作实际结合起来，灵活应用的知识。

二是强烈的事业心和责任感。抗战爆发后，外敌入侵多是从海上，使他认识到海防是第一线，为加强海防，必须建设自己的舰船，他决心学习造船、造舰本领，加强海防建设。为此他放弃已被录取的西南联大和浙江大学，选择了重庆交通大学造船系。新中国成立后，经我国著名造船学家和教育家辛一心的推荐，如愿以偿地加入了舰船设计队伍，实现了为祖国建设强大海军的愿望。从那以后，他开始了舰船设计生涯。几十年来，他把实现个人的理想与我国舰船事业的发展集合起来，他说，作为一个舰船科研设计工作者，要把国家和国防的需要放在心上，不畏艰难，勇于创新，刻苦攻关，为发展我国舰船事业，为实现中华民族的海洋梦做出了贡献。

三是奉献精神。在设计我国第一艘万吨级海洋货轮东风号时，他说，每天晚上都工作到十一二点，有时甚至凌晨一两点，只睡三四个小时。下厂设计时住在简易的工棚里，条件很差，但没有一个叫苦的，感到能参加我国第一条万吨货轮的研究设计很光荣。在七一八工程三船的施工设计中，他和科技人员一起到江南造船厂上班。经常是早出晚归，星期天也不休息。有一次参加航天测量船的惯性试验，正好赶上下雪，路上很滑，但他坚持上船和科技人员一起测试，及时解决问题，一站就是一天，使参加试验人员感动不已。由于过度劳累，曾三次引发腿上丹毒发作而住院，但病情略有好转，他又继续投入工作中。他说：远望航天测量船研究设计建造历经风雨十数年，正是凭着团结、奋进、求实、创新的企业文化和胸怀祖国、献身军工、崇尚科学、追求卓越，不畏艰难、敢于拼搏、勇于创新、不断进取的精神，才使我们攻克一个个难关、圆满地完成了任务。

四是淡泊名利。许学彦研究设计了许多船，有人称他为设计大师。但他却并没有感到自己有什么了不起，依然那么淡定，那么谦虚，那么安然。他带病工作，有人问他："你这么卖命，图个啥？"他说："这是我的工作，我得干好，别的我啥也不图！"1985 年在北京开科技大会时，牛群为他拍了一张照片，老伴认为拍得很好，想挂在家中墙壁上。他忙说，挂它干什么，有什么好张扬的。说着把照片放到了床底下。一位大学教师问他，你在科学事业发展中最宝贵的经验是什么？他说：我没什么经验，我这一辈子就是老老实实干工程，无论任何事情，组织和领导让我做，我就尽职，努力把事情做好。这是多么质朴的言语，却告诉人们成功的真谛。

五是学风严谨。许学彦认为，搞舰船研究设计要敢于创新，不被传统条条框框所束缚。作为舰船研究设计专家，他尊重科学、坚持科学试验，远望号综合航天测量船研究设计中，有时为了一个问题，他广泛收集资料、反复计算，直到认为准确无误为止。他说，科学来不得半点马虎，舰船设计的质量，关系到部队的战斗力和人的性命，一定要严肃认真。舰船设计是一项系统工程，一定要处理好个人与团队的关系。一个设计团队只有团结才能集思广益、攻克难关。只有奋进，才会敢于拼搏，有所作为。只有求实，才会尊重科学，取得成果；只有创新，才能攀登高峰、与时俱进。

2013 年 5 月是许学彦的 90 岁寿辰，中国舰船工业集团公司第七〇八研究所现职党政领导、原所领导现中船集团公司总经理助理、外高桥造船公司董事长黄永锡、江南造船有限公司总经理林鸥、中船第九设计院党委书记卢霖等领导为其祝寿。那天晚上，许院士非常激动，他说，我 1950 年到船舶局设计院，在船舶战线工作了 60 多年，见证了我国舰船设计和建造发展过程，我做了一些工作，取得一些成绩，这是在大家共同努力下取得的。

如今，90 岁高龄的许学彦已无法像从前一样，站在船舶设计的第一线挥洒汗水。但他仍然每天上午从家里踱步到办公室，了解最新的舰船研究

图结 -1 七〇八所领导为许学彦祝贺 90 岁寿辰（2013 年 5 月赵吉庆摄）

设计、建造、发展动态，有时还会出席有关会议，思路敏捷、口齿清晰的许学彦，仍然对这个自己熟悉的领域充满热情。祝愿中国舰船事业加快发展，为实现中国梦作出新的贡献。

胡锦涛总书记在纪念人民军工创建八十周年贺信中指出：八十年来，在党的领导下，人民军工从无到有，从弱到强。为实现民族独立和人民解放建立了不朽功绩，为提升综合国力和国防实力发挥了重大作用，人民军工和国防科技工业战线同志们的辉煌业绩，将永远彪炳史册。老一辈舰船设计专家为祖国舰船事业发展壮大所作出的不朽功绩，值得我们永远铭记于心。

附录一　许学彦年表

1924 年

5 月 11 日（阴历四月初八），在江苏省常州市武进县郑陆桥镇北夏墅村出生。父许宝良，母承秀婉。许学彦在家排行老大，共有兄弟五人，按年龄顺序依次为：许学彦、许学清、许学本、许学训、许学昕。

1929 年

9 月，进入武进县北夏墅村小学读书。

1935 年

7 月，考入江阴公立南菁中学。

1937 年

7 月，初二学业结束，回到家乡。此时发生“七七”事变，抗日战争全面爆发。

11 月，日寇入侵长江三角洲，其家乡安全受到威胁，母亲决定让长子许学彦随其堂兄许学礼及村里几个年长的老乡徒步逃往镇江，乘火车去南京，在南京休息二天后乘火车到芜湖，渡江至北岸裕溪口，再乘火车到安徽九龙岗寻找在淮南煤矿谋生的父亲。

12 月，局势迅速恶化，父亲带着他又辗转于安徽阜阳、河南信阳、湖北武汉、湖南常德、沅陵等地，最终抵达贵州省。其父在贵州麻江找到一份通讯方面的工作。许学彦则随其堂伯父许宝方到了贵州铜仁。

1939 年

7 月，考入贵州铜仁国立第三中学插班读初三。

由于校舍不够，三中的初中部由铜仁迁至贵州江口。在从铜仁到江口途中，由于天黑路滑，他险些滑进数十丈深的山涧。

在江口求学期间，有一位在合作金库工作的同乡李祚芳常借一些进步书籍给他看，对他影响很大。

1940 年

7 月，返回贵州铜仁，在国立三中读高中。

1941 年

7 月，因经常咳嗽并伴有发烧症状，他怀疑自己患了肺病，但铜仁的医院连 X 光机都没有，故向其父亲请求前往贵阳去体检，后确诊未患肺病，父亲怀疑他是装病去贵阳玩，断绝了对他的经济供给，他只得留在贵阳，住在堂兄许学阶家。

9 月，为了减轻堂兄家经济负担，他应聘于一小学从事抄写工作有 2—3 个月。

1942 年

1 月，考入国立贵阳第十四中插班读高一下。

1944 年

9 月，高中毕业后，分别报考了西南联大航空系、浙江大学机械系、平越交大土木系和重庆兵工学院等四所大学，全部被录取。后来又有重庆交通大学用审查成绩免考的办法来招生，为了实现幼时的理想，立志要为国家海防建设尽力，他毅然放弃已被录取的学校，而选择以优良成绩被保送的重庆交通大学造船系。

1946 年

9 月，抗战胜利后，随交大师生乘船从重庆返回上海，继续学习。

在交大学习期间，积极参加由交大校园进步组织发起的“反饥饿、反内战”和“抗议北京沈崇事件”等游行，还参加了学生们在上海真如火车站集结准备自行开火车去南京的请愿行动，后因国民党政府阻挠而未能成行。

在交大学习期间，有幸成为当代造船科学家和教育家辛一心教授的学生，辛的为人和学识令许学彦崇敬和受益匪浅。辛为他赠言：“学然后知不足”。

1948 年

9 月，上海交通大学造船系毕业。正处在战乱时期，毕业即失业。后经考试、面试被召入由英国人管辖的海关下属上海濬浦工程局，当一名实习生。

10 月，被派到张华浜修船厂实习。在工厂学到许多造船工艺、生产流程等各个环节的实际经验和知识，颇有收获。

1949 年

5 月，上海解放，军代表进驻并接收了濬浦工程局，更名为上海疏浚工程公司，任工程员。

1950 年

10 月，在中央重工业部领导下上海船舶工业局正式成立。

11 月，船舶工业局设立了技术处，处长辛一心，副处长沈岳瑞。技术处下设设计组（七〇八研究所前身），从事船舶设计工作。

1951年

1月，经辛一心（时任船舶工业局技术处处长）推荐，从疏浚工程公司辞职，到船舶局技术处设计组报到。

参加船舶设计的第一艘船是为上海市轮渡公司设计的黄浦江渡轮海济号，设绘了船的线型图、螺旋桨图、舯截面图、结构图等。此后，又参加了DH40机帆船、1000吨驳论、小港客货轮、川江客货轮等船的设计工作。

1952年

参加了280立方米开底泥驳、破冰船、渔轮等的设计工作。

8月，海济号由上海船舶修造厂建造竣工交船。

1953年

3月2日，与邵廷惠结婚。

5月，重工业部船舶工业局划归第一机械工业部领导，改名为船舶工业管理局。

7月，参加5000吨、3000吨沿海货轮等图纸审定。

1954年

2月，船舶工业管理局由上海迁往北京。从船舶产品设计处分出部分人员筹建船舶产品设计分处（七〇八所一室前身）。

6月，船舶产品设计处调整专业设计组，下设：基本设计组、船体组、舾装组、造船工艺组、机械安装组、管系组、电机组、动力机械组、蒸汽动力组、内燃机组、机械工艺组、冷藏通风组等12个专业组。他在船体组任工程师。

8月，在海军修造部设计处完成75吨钢质高速炮艇的扩充设计后，参加了该艇的技术设计和施工设计，任船体主办，主持总体、船体、舾装等专业的设计工作。

1955 年

任某型登陆艇主办，该艇是我国首次自行研制的小型登陆艇。解决了当时还是难题的螺旋桨与尾隧道登陆艇的阻力和推进问题。该型艇深受海军欢迎。

1 月，高速炮艇在沪东造船厂开工建造。

5 月 9 日，参加高速炮艇下水仪式。

7 月，参加高速炮艇试航。经历五个阶段、历时五个多月，通过试验改进设计最后通过鉴定。

8 月 12 日，船舶产品设计分处改名为第一船舶产品设计室，主任辛玮，副主任郭润身。同时，船舶产品设计处改名为第二船舶产品设计室，主任辛一心，副主任沈岳瑞和武彦荣。许学彦任第二产品设计室副科长、工程师。

10 月 4 日，大连造船厂开工建造某型登陆艇。

12 月，参加高速炮艇交船仪式。

被评为年度优胜工作者，并得到物质奖励。

1956 年

2 月，参加海军某高速炮艇鉴定委员会鉴定会，该艇通过鉴定并定型。鉴定委员会对该艇的鉴定意见是："……达到原定的技术要求，可以进行小批生产"。该型高速炮艇是他第一次承担军品设计的成果，这型艇航速快、火力强，对敌艇形成很大威胁。

在交通大学旁听"杆件与杆系的弯曲与稳定性"、"板与壳的弯曲与稳定性"两门课程。

9 月 29 日，加入中国共产党。

10 月 11 日，晋升为七级工程师。

12 月，被评为年度优胜工作者，并得到物质奖励。

1957 年

5 月，参加了自行设计万吨级远洋货轮东风号的预研和资料收集工作。许学彦任第二产品设计室船体科副科长。

1958 年

许学彦作为分管科长承担了 1500 吨、6000 吨等沿海货轮及 4000 千瓦、6000 千瓦电站船的技术主管，对主要图纸进行审定和技术把关。

4 月，参加由大连造船厂厂长原宪千同志带队赴原苏联考察万吨轮设计建造，先后到 21 中央设计局、列宁格勒克雷洛夫研究所、赫尔松船厂、尼克莱耶夫船厂考察，收集了许多颇有价值的参考资料，还得到苏联著名造船专家克雷洛夫的指点，回国后承担了我国第一条万吨级远洋货轮——东风号的设计任务。

7 月，与彭惠平一起被任命为东风号万吨级远洋货轮的主办。

7 月 2 日，开始进行东风号万吨级远洋货轮的扩初和技术设计。

9 月，某高速炮艇参加金门海战一举击沉国民党沱江号猎潜舰，开创了小艇打大舰的先例，屡立战功，被授予“海上猛虎艇”的光荣称号。

9 月 21 日—10 月 18 日，审定了东风号技术设计的“框架计算书”、“舯剖面图”、“肋骨线形图”、“外板展开图”、“艏柱图”、“线形图”、“车叶计算书”、“邦氏曲线图”、“艉柱图”、“钢料订货单”、“基本结构计算书”、“技术设计图样目录”。

审定了“布置总图”、“各种装载情况及稳定计算书”、“舱柜容积计算总结表”、“可浸长度曲线”、“基本结构图”、“纵向强度计算书”、“船体分段划分图”。“全船及船体说明书”、“静水力曲线图”。“破舱稳性计算书”、“乾舷计算书”。

10 月 24—27 日，参加一机部九局和交通部远洋局在上海联合召开的东风号扩初和技术设计审查会。

10 月 29 日，审定了东风号技术设计的“重量重心计算书”。

11 月，与设计组成员一起按审查会要求进行东风号修改设计。

11 月 15 日，江南造船厂与二室签订东风号施工设计合同。

11 月 20—26 日，审定了东风号技术设计的“纵向弯曲力矩计算书”、“纵向总强度计算书”、“局部强度计算书”、“线型型值表”、“艏柱图”、“肋骨线形图”。

12 月 15—20 日，审定了东风号施工设计的“外板展开图”、“舯剖面图”、“艏部结构图”、“艉部结构图”、“基本结构图”、“船体分段划分图”、“艉柱图”、“轴隧结构图”、“底部结构图”、“水密隔壁图”、“图样目录”、“布置总图”、“舯线上纵隔壁图”。

1959 年

1 月，和彭惠平一起带队，组成 50 余人的下厂设计组进驻江南造船厂，进行“三结合”补充图纸设绘工作，同时工厂开始放样。

1 月 21 日，审核了东风号施工设计的“支柱结构图”。

3 月 5 日，审核了东风号施工设计的“各种装载情况及稳性计算书”、“吨位计算书”、“倾斜试验要求”。

3 月 8 日，经过 100 天的日夜奋战基本完成东风号施工设计任务。

5 月 5 日，审核了东风号施工设计的“容积图”。

7 月，按第九工业管理局通知，自 8 月 1 日起正式启用“第一机械工业部船舶产品设计院二室”名称（以下简称二室）。

9 月，二室完成我国第一艘自行设计万吨级远洋货船东风号的全部设计，图纸发江南造船厂进行建造。

12 月，受二室领导的委托许赴北京与有关单位（部门）草拟昆仑号客轮的技术任务书。

1960 年

1 月，东风轮上船台。船台周期仅为 45 天。

1 月中旬，组建了昆仑号设计班子，开始工作前，与设计人员一起到中南海进行了认真调研。根据设计要求，进行了全面的论证，解决了总体布置、稳性、家具和房间美化、会议室设备、防噪音与自动化等技术难题。

2 月下旬，完成了昆仑号初步技术设计方案。

2 月 25 日，参加由一机部九局船舶设计院和交通部海河总局在上海第二产品设计室召开的昆仑号专用客轮产品技术设计第一阶段审查会。

3 月，调一室工作，被任命为三机部九局船舶产品设计一室副主任。东风轮由彭惠平、许富良任主办。

3 月 25 日，设绘了昆仑号专用客轮施工设计的线型图。

4 月，海军舰船修造部提出设计建造氦氧救生船的任务，由一室承担设计任务，他任该船设计技术主管，蔡体芬任主办。

4 月 15 日，东风轮下水。

5 月，因设备配套跟不上建造进度，东风轮的建造工作被迫停顿。

5 月 27 日，编制昆仑号专用客轮施工设计的“全船及船体说明书”。

6 月，昆仑号开工建造。

6 月 16 日，审定氦氧救生船草图设计的“电气部分说明书”；完成方案设计。

6 月 20 日—7 月 2 日，参加海军司令部在北京召开氦氧救生船的方案设计审查会。

6 月 23 日，审定氦氧救生船方案设计的“线型图”、“布置总图”、“机舱布置图”、“机舱布置设备表”、“说明书（主要性能资料、船体、装置部分、船舶系统、机械部分）”。

7 月 30 日，海军正式下达了氦氧救生船“技术任务书（修改）”。

8 月 1 日，开始氦氧救生船技术设计。

8 月 15—22 日，审定氦氧救生船技术设计的“线型图”（包括第一、二方案）、“布置总图”、“技术设计说明书”。

9 月 20—22 日，审定氦氧救生船技术设计的“初稳性及倾差计算书”、“重量重心计算书”、“技术设计资料目录”、“静动稳性力臂曲线图”、“电气部分说明书”、“机械装置和管路说明书”、“抗沉性检查计算书”、“快速性计算书”、“总体性能说明书”、“船体说明书”、“全船系统说明书”。

10 月 20—22 日，参加了海军修造部组织召开的氦氧救生船技术设计审查会，与会人员一致认为技术设计满足了技术任务书的要求，并在快速性指标，钢材消耗指标等方面达到世界水平。

11 月，第一机械工业部将其军工部分划出，成立第三机械工业部，其第九工业管理局改称为第九工业总局。随之，启用“第三机械工业部船舶产品设计院”名称。

12 月，开始进行氦氧救生船施工设计，由于多种原因，期间进行了多次修改。

1961 年

6 月 9 日，海军正式成立国防部舰艇研究院（简称七院），隶属中国人民解放军领导。

嗣后，七院转发海军“组建国防部第七研究院及所属的所、室”的命令，以原产品设计院的一、二、五室和三室一部分以及海军修造设计处，组建成特种战斗舰艇、军辅船、民船设计研究所，番号为“国防部第七研究院第八研究所”。

6 月和 9 月，昆仑号在吴淞口进行了两次试验性试航。

7 月 22 日，国防部第七研究院第八研究所（简称八所）宣布成立，代号为“中国人民解放军 1938 部队”，下设三个研究室即：八一室、八二室、八三室。许在八一室。

8 月，八一室成立党委会，党委书记翟晓舟，从专业科体制转变为综合科体制。

8 月 22 日、29 日，审定了氦氧救生船“救生钟布置图”、“救生钟结构图”“救生钟重量重心稳性计算”、“救生钟强度计算书”。

9 月，八一室从衡山路 10 号迁至四川中路 670 号。

9 月中旬，昆仑号在上海至九江之间进行试航。

11 月，八所任命一室主任陆贤璋、副政委翟晓舟、副总工程师许学彦。

12 月，海军委托七〇八所进行某型高速炮艇的改进设计，要求艇速从 28.5 节提高到 30 节以上。

1962 年

1 月，由许学彦带队，蔡体芬、黄美仪等五人到北京接受某高速炮艇改进设计任务。

2 月，和李俊清副主任一起任某型高速炮艇设计工作技术主管，蔡体芬、黄美仪、陈协文、李俊清为主办人，另有 14 人为各专业联系人。

3 月，开始某型高速炮艇的技术设计。为了解决高速炮艇航速从 28.5 节提高到 30 节的问题，采取措施使艇重从 130 吨压缩到 115 吨、并研究解决了提高螺旋桨推进效率、减小船体阻力以及船、机、桨匹配等技术难题，使艇速从 28.5 节提高到 30.7 节，达到了设计要求。

4 月 29 日前，审定某型高速炮艇的技术设计的“典型横剖面图”、“首制艇航速和螺旋桨计算分析”、“螺旋桨图”等图纸。

5 月底，完成某型高速炮艇的技术设计，共出图 44 份，他审定图纸 18 份。

6 月，开始施工设计，审定某型高速炮艇的“布置总图”、“纵剖面图”、“侧视图”、“侧影图”，“上层建筑俯视图”、“底舱及液体舱平面图”等图纸和“产品说明书”、“全艇重量重心计算书”等多份技术文件。

6 月 31 日—7 月 3 日，昆仑号在吴淞口进行了第三次试航，并在申渝线进行了全程试航。证明该船设计建造是成功的。

7 月 10 日，审定某型高速炮艇施工设计的“艇在规则波中的横摇计算书”。

8 月，国防部第五、六、七、十院划归国防科委领导。由于隶属关系的变化，七〇八所番号中国人民解放军总字 914 部队，军人由海军装换着陆军装。

10 月 29 日，昆仑号通过国家验收，并于年底交付使用。

12 月，某型高速炮艇施工设计结束，图纸发厂。首批三艘艇在大连造船厂开工建造。

1963 年

1 月，许学彦任国防部第七研究院第七〇八研究所一室副总工程师。

2 月 6 日、8 日，审定东风号修改设计的“外板展开图”、“艉柱图”。

2 月 12—28 日，审定东风号修改设计的“肋骨线形图”、“艏柱图”、“基本结构图”、“横截面图”、“水密隔壁图”。

3 月 21 日，审定氦氧救生船施工设计的“快速性计算书”。

7 月，经国务院批准某型高速炮艇设计生产定型并命名为“62 型护卫艇”，这是我国海军史上第一次为舰艇正规定型。

8 月 15—17 日，审定氦氧救生船施工设计的“线型图”、“艉部轴支架推进器和舵布置图”。

8 月 23 日，向邱部长汇报某型高速炮艇的有关工作。

9 月 23 日，许学彦被国防部授予少校军衔。

9 月 28 日，审定氦氧救生船施工设计的“布置总图”。

10 月 13 日，在大连造船厂研究某型高速炮艇工作安排。

10 月 15 日，研究新型护卫艇试验问题。

10 月 21 日，参加七〇八所驻大连造船厂工作组经验交流讨论会。

10 月 22 日，与军代表开座谈会。

10 月 27 日，参加某型高速炮艇完工图纸计划工作会议，讨论定型修改项目。

10 月 28 日，审定氦氧救生船施工设计的“电气部分说明书”。

11 月 18 日，总政治部国防科学工作部干部处批准他晋升为技术六级。

11 月20—25 日，审定氦氧救生船施工设计的“全船重量重心计算书”、“全船说明书（船体、装置、系统、机械管系部分）”、“初稳性及倾差计算书”、“静动稳性计算书”、“抗沉性计算书”、“稳性检查计算书”。

12 月 10 日，审定氦氧救生船施工设计的“全船说明书（总体性能及武备）”。

1964 年

6 月 16 日，许学彦任国防部七院八所一室副主任，六级工程师。主持了某型护卫艇定型图纸编制工作。

8 月底，完成氦氧救生船施工设计工作。

12 月，某型护卫艇荣获国家“新产品研制一等奖”。

1965 年

1 月 1 日，根据中央决定国防部第六、七、十研究院与生产部门合并分别归属第三、六、四机械工业部领导。七院划归第六机械部后，改名为“第六机械工业部第七研究院”，八所全称为“第六机械工业部第七研究院第七〇八研究所。”

8 月 6 日，某型高速炮艇参加“8 · 6”海战，取得了击沉两艘敌舰的重大胜利，荣立战功，被授予“海上先锋艇”、“海上英雄艇”光荣称号。

11 月 13 日，某型高速炮艇参加了“崇武”海战，取得了击沉击伤敌舰各一艘的重大胜利。

12 月 6 日，氦氧救生船在沪东造船厂开工建造。

12 月 31 日，东风号万吨级远洋货轮通过国家鉴定，认为：设计、制造是成功的，质量和性能良好，正式交船。

1966 年

5 月 6 日，周恩来、邓小平陪同外国元首登上东风轮参观。

6 月 14 日—7 月 16 日，随石油部赴日本考察海上石油钻探设备。期间访问了研究所、大学、协会及船厂，他敏锐地感到石油开发的迫切性，回国后即向所领导建议抽调相关专业人员尽早开展有关海洋工程船舶的研究开发工作。

9 月 8 日，受命赴京接受航天测量船任务。

9 月 20 日，七〇八研究所接到第七研究院下达的紧急任务，要求派员去北京七院报到，接受特别研制任务。七〇八所原所长李志侠亲自指派许学彦等四人前去北京通县双桥镇一〇研究室报到，接受国防科工委下达的“三船”论证任务。

12 月参加论证的人员提出“640”南极考察和核试验船的论证报告。此报告呈报国防科委和国务院，工作组在北京解散。根据国防科委的指示精神，七〇八所人员返回上海后在八一室成立六四工作组继续进行研究工作。

不久，七〇八研究所所长李志侠、副政委靳立民和工作组成员许学彦、杨凤章、吕逢远、曲光禄、陶义高、杜宝纯、梁肇华等 12 位科技人员自发给周总理写了一封公开信。信中阐述了研制“七一八”综合测量船应遵循的科学道路，应进行的研制程序，并恳请上级同意由七〇八所承担这项工程的研制任务，七〇八所将与全国有关单位合作，确保这项研制任务的完成。

任“七一八”主测量船主办。

主测量船的主要任务是跟踪和遥测各种中、远程导弹、卫星和飞船，精确测定其飞行轨迹、落点，回收弹头椎体、卫星仪器数据舱和飞船座舱等。

1967年

上半年，六机部七院将“641”“642”两船统交七〇八所研究设计。许学彦又受命单独去北京七院进行该两型船的方案论证工作，他发现该两型船的要求有不少相似之处，于是他综合两船特点，提出合并为一个船型造两艘的设想。以许学彦为主经计算和论证后提出将两型船合为一型的报告上报，最后被上级批准，为国家减少投资、加快研制进度做出了突出贡献。

7月18日，国防科工委会同有关单位决定研制“七一八工程综合测量船”，即由“641”和“642”合型为“七一八”主测量船。为了在试验前对试验海域进行海洋物理参数调查，七院又责成七〇八所会同国家海洋局论证远洋调查船。

8月4日，国防科工委上报中央军委，说明七一八工程“还要研制远洋调查船、护航、补给船舶”。

9月6日，中央军委第93次会议讨论同意国防科委提出的意见，并责成国防科委拟制具体计划报批。

9月，为了集中力量研发“七一八”主测量船，七院决定以七〇八所为主体，成立“六四”工作组，七〇八所副所长陶子杰任组长、许学彦任副组长。业务直属七院领导，由七〇八所代管。为达到保密要求，“六四”工作组迁到上海市郊南翔办公，工作与生活条件非常艰苦。为确保研发进度，上级决定工作组不开展“文化大革命”的“四大”。

10月6—9日，在“东方红”轮上进行调查研究。

10月10—11日，在山东海洋学院、青岛科学院海洋研究所进行调查研究（对大西洋、太平洋、印度洋进行海情调查）。

12月，国防科委廿基地从机关和测量设备研究所抽调38人组成“七一八”工作队，到上海与七院“六四”工作组搞“三结合”设计。

1968年

1月25日，七院“六四”工作组会同国防科委、廿基地，在论证研究基础上，提出“七一八”主测量船初步探讨论证报告11份。

2月4日，“六四”工作组向国防科委、六机部、七院呈报“七一八”主测量船初步论证报告。

2月23日—3月6日，参加在北京由国防科委和七院共同组织召开的“七一八”主测量船初步方案论证审查会议，会议对主测量船的设计原则给予肯定并上报中央。

5月6—13日，审核审定主测量船方案设计的“布置总图”。

5月25日、31日，审定主测量船方案设计的“静水力曲线图”、“快速性计算书”、“低速航行之阻力及主动舵螺旋桨计算书”。

6月5日、15日、16日，审定主测量船方案设计的“邦氏曲线”、“适航性计算书”、“稳性计算书”、“专用图纸目录”。

6月17日，毛泽东主席、周恩来总理和中央军委批准七一八工程的研制计划。据此各研究单位开展主测量船的总体方案设计。

审定主测量船方案设计的“总体说明书”、“线型图”。

6月25日，审定主测量船方案设计的“本舰所能承受的极限风速与风压计算”。

8月31日，氦氧救生船开始进行航行试验，证明该船总体性能良好，达到设计要求。

11月2日，“六四”工作组向国防科委提出主测量船战术技术任务书（草稿），并包括有总布置图及其初步意见。

1969年

3月，编制“七一八主测量船总体方案修改设计说明书”。

6月30日，审定主测量船修改方案设计的“线型图”。

7月11日，审定主测量船修改方案设计的“型值表”。

7月14日，审核了主测量船修改方案设计的“静水力曲线”。

7月30日，氦氧救生船签字交船，服务于东海舰队防救大队。

1970年

5月15日—6月19日，审定主测量船修改方案设计的“航速计算书”、“稳性计算书”、“布置总图（舯机）”、“布置总图（舯后机）”。

6月21日，“六四”工作组提出七一八主测量船船舶总体方案设计报告，附件共17份。

6月23日，参加国防科委和海军联合召开的七一八主测量船方案审查会。七〇八所向会议提交了七一八主测量船总体与性能方案设计论证等共13份报告。

7月10日，审定主测量船修改方案设计的“静水力曲线”。

7月，成立七一八工程领导小组及其办公室、负责整个工程的领导、组织、抓总协调，作为专案工程列入国家计划。

继续深入开展主测量船研究工作提出打捞快艇设计审查报告及装船要求、过桥方案研究、集中解决深水定位锚高强度钢缆技术指标问题和电磁屏蔽与兼容问题等。

8月，根据方案审查会的审查意见，八所开始进行方案修改设计。

10月25日，周恩来召开七一八工程中央专委会，会议肯定了七一八主测量船的总体方案，确定了由国防科委聂力副主任提出的用毛主席手书的叶剑英元帅的诗词名字《远望》定为主测量船的名字，即远望1号、远望2号。

12月26日，“六四”工作组向国防科委呈报关于过长江大桥方案论证专题报告。

1971年

1月15日，参加六机部和七院在北京前门饭店召开有部、院所属有关厂、所、院校参加的“115”会议。落实七一八工程研制任务。从此八所全面开展方案研究和设计。

3月，编制了“七一八主测量船总体修改设计说明书”。

6月1—3日，审定主测量船技术设计的“基本结构计算书”、“布置总图”（过桥方案）。

7月3—13日，审定主测量船技术设计的“分段划分图”、“艏柱图”、“横剖面图”；审定了主测量船修改方案设计的“型值表”。

8月2—9日，审定主测量船技术设计的“船体结构说明书”、“基本结构图”、“外板展开图”、“肋骨线形图”。

8月21—25日，审定主测量船技术设计的“总布置图纵舯剖面”、“机密名称和非密代号对照表”、“防火布置图”。

9月1日，参加国防科委在北京召开的七一八主测量船测控系统总体协调会。

12月23日，“六四”工作组提出七一八主测量船动力装置自动调节系统设计审查报告。

1972年

1月5—15日，审定主测量船技术设计的“舰船总体强度计算弯矩及切力的确定”、“主动舵螺旋桨计算书”。

2月12日，校核主测量船技术设计的“测量设备视角计算书”。

2月25日—3月1日，审定主测量船技术设计的“舰船局部强度计算书”、“螺旋桨计算书”、“艉部侧影图”。

3月3日，参加锅炉安装会议。

3月20日，审定主测量船技术设计的“总振动计算书”、“船体挠曲变形计算书”、“各种特种装置基座计算书”。

3月24日，准备向所领导汇报提纲。

4月4日，审定主测量船技术设计的“舰船总强度应力的确定”。

4月8日，叶剑英元帅主持会议，明确指出：“国家需要，部队需要，‘七一八’工程只能上，不能下。要知难而进，不能知难而退，有困难硬着头皮上”。

4 月 19 日，准备向海军周副司令汇报提纲。

5 月 8 日，审定主测量船技术设计的“破舱稳性计算书”。

5 月 12 日，向“六四”工作组传达中央领导及有关部门对七一八工程的指示精神。

5 月 18 日，审定主测量船技术设计的“抗风稳性计算书”。

6 月 15—22 日，参加在大连造船厂召开的会议：审查导航定位系统总体方案；接口与进度的协调；设备安装标校的原则措施及分工。

6 月 19 日，国务院中央军委七一八工程领导小组办公室发出关于抓紧落实七一八工程主测量船研制任务的通知，七院将此文件予以转发，七〇八所认真贯彻落实，“六四”工作组加快了研制进度。

9 月 9 日，审定主测量船技术设计的“船体部分技术设计说明书”。

1973 年

2 月，任黑龙江边防巡逻艇总设计师。

2 月 8—14 日，到佳木斯边防部队进行调查研究。在合江军分区交巡大队介绍 30 吨方案，调查征求意见。

2 月 15—16 日，在卧港长城号上与合江军分区领导座谈并参观哈尔滨船厂。

2 月 17—19 日，在大兴安岭及黑河军分区座谈调研，听取意见。

3 月中旬，审定边防巡逻艇方案设计的“总布置图”、“机舱布置图”、“主要设备预估清单”、“单机方案说明书”、“全艇方案设计说明书”、“方案设计审查报告”。

3 月 21—30 日，编制边防巡逻艇方案设计的图样及文件目录（巡航会谈艇）；审定了“线型图”、“全艇方案设计说明书”。

4 月 3 日，边防巡逻艇技术设计审查会上作讨论发言。

4 月 7 日，参加领导小组讨论会。

4 月 11 日，讨论边防巡逻艇计划安排。

5 月 28 日，审定边防巡逻艇技术设计的“线型图”。

5 月 31 日，参加边防巡逻艇生产会议。

6月6日，讨论边防巡逻会谈艇方案审查纪要。

8月15日，审定边防巡逻艇技术设计的“布置总图”。

8月28日，国防科委又下发了关于七一八工程主测量船研制总进度的通知。

11月5—12日，参加由六机部、海军、七院、国家海洋局、海司航保部组织在天津召开的远洋调查船、远洋打捞救生船设计任务书复审会议。

11月，国务院、中央军委七一八工程领导小组办公室派人到七〇八所，提出船舶首尾线平行于导弹理论弹道平面的测量方案的要求，并拟定了平行方案的《战术技术任务书草稿》。根据这一要求，他带领设计组全体人员又重新进行主测量船主尺度与主要参数的计算以及性能计算，重新进行总体布置设计。

1974年

1月7日，审定边防巡逻艇技术设计的“典型横剖面图”。

1月12日，七〇八所用半年时间完成了七一八主测量船新的平行测量设计方案。

1月15日，确定了主测量船主尺度。

2月27日，审定远洋调查船方案设计的“机舱布置图（纵剖面图）”。

3月1日，“六四”工作组呈报“七一八主测量船电子设备暂行船用条件”。

3月4—10日，审定远洋调查船方案设计的“无线电、导航、通信主要设备明细表”、“电气设备试制项目明细表”、与黄建章共同审定远洋调查船方案设计的“发电机负荷表”、“机舱布置图（设备表）”、“主要机电设备明细表”。

3月20—25日，审定远洋调查船方案设计的“方案设计说明”、“总布置图”、“线型图”、“中剖面图”。

3月30日，审定边防巡逻艇技术设计的“全艇方案设计说明书”。

5月3—17日，六机部会同七院、国家海洋局和海司航保部等有关单位在上海延安饭店召开了远洋打捞救生船和调查船的方案设计审查会。

5 月 28 日，七一八工程辅船“三结合”领导小组在八所成立，许学彦任组长，并召开第一次会议，讨论决定了原两辅船“三结合”设计组正式合并为七一八工程辅船“三结合”设计组。

6 月 14 日，参加“三结合”设计组组长会议。

6 月 17 日，参加绞车审查介绍会。

6 月 24 日，审定远洋调查船技术设计的“线型图”。

6 月 28 日，研究起落架外载荷问题。

6—11 月，分别召开了七一八主测量船导航定位系统、测量控制系统、通讯等系统复审会议。

9 月 22—27 日，审定了远洋打捞救生船技术设计的“总布置图”、“船体武备说明书”、“中剖面图”。

9 月 28—30 日，参加领导小组扩大会议；审定远洋调查船方案设计的“总布置图”、“全船及船体部分说明书”、“各种装载情况及稳定性计算书”、“破舱稳性计算书”、“舯剖面图”。

10 月 5—25 日，参加七一八工程领导小组在北京召开的“七一八”主测量船总体设计复审会议。会上，七〇八所提交了七一八主测量船总体论证报告说明书；战术技术任务书修改说明及修改后的战术技术说明书等。会议对总体设计方案、战术技术任务书、主要配套设备清单、研制进度、计划等问题进行了反复认真的研究讨论，取得了一致意见。为以后的技术和施工设计打下了基础。

10 月 26 日，在北京中央气象台进行调研。

11 月 1—5 日，在成都进行有关设备调研。

11 月 7 日，参加三组船的审查报告讨论会。

11 月 13 日，参加主测量船内部审查会议。

11 月 15 日，参加领导小组会议。

11 月 19 日，参加直升机协调会议。

11 月 22 日—12 月 1 日，参加六机部会同七院、国家海洋局和海司航保部等有关单位在上海延安饭店召开的远洋打捞救生船和调查船的技术设计审查会，审定了两船总体技术设计；进行了设备协调，讨论了两船建造进度。

12月5日，参加七〇八所党委副书记陶子杰召开的下厂干部动员大会。

12月10日，七一八工程向阳红10号远洋调查船、J121远洋打捞救生船两型船的“三结合”设计组（施工设计阶段）领导小组成立，移至江南造船厂现场设计。工厂为组长单位，卢在任组长，许学彦担任副组长。

该两型船上甲板以上不同，其余可合型，许学彦在技术设计阶段任该两型船“三结合”设计组组长、在施工设计阶段任副组长，他克服了各种困难，将两船做到最大程度合型，为承造厂降低成本、加快设计建造进度做出了重大贡献。

12月14日，成立七一八主测量船“三结合”领导小组，许学彦任主测量船“三结合”设计组副组长。

1975年

1月10日，向阳红10号远洋调查船、J121远洋打捞救生船正式开始施工设计。

4月20日，审定了向阳红10号远洋调查船施工设计阶段的“船舶系统专业系统试验大纲”。

经过“三结合”设计组同志们的共同努力，主测量船提前30天完成总体技术设计。在上海由海军主持召开了“七一八”主测量船技术设计审查会和大型技术协调会。

5月6日，国务院、中央专委办公室批发了主测量船技术设计审查和协调纪要。决定在此基础上立刻开展施工设计。

8月25日，研究飞机煤油问题；起吊回收系统问题。

9月30日，审定远洋调查船施工设计的“中剖面图”；参加领导小组扩大会议。

9月底，施工设计图纸基本结束。

1976年

年初完成主测量船施工设计。期间，他一直在江南造船厂搞“三结合”设计，解决了大量的技术难题，审定了许多一类图纸和技术文件。

2 月 20—27 日，参加国务院、中央军委、“七一八”办公室会同国防科委、六机部、上海市工交组在沪召开的主测量船施工设计协调会。

3 月 3 日，“七一八”办公室批准了主测量船审查会的纪要，决定按这个会议纪要批准的文件和图纸进行施工。

3 月 31 日，远洋打捞救生船首制船下水。

4 月 30 日，向阳红 10 号远洋调查船下水。

6 月 9 日，参加七一八工程辅船联合工作组在江南造船厂召开的远洋打捞救生船、向阳红 10 号船交船试验大纲讨论会。

6 月 16 日，与蔡体芬一起审定了远洋打捞救生船施工设计的“船体部分交船试验大纲”。

7 月 16—21 日，参加六机部和海军在北京召开的七一八工程三型辅船试验大纲审查会。

8 月 31 日，远望 1 号船下水。

9 月 19 日，在远洋打捞救生船驾驶平台主持召开通讯试验会议，定出具体试验计划。

9 月 25 日，参加远洋打捞救生船首次出海进行航行试验。

9 月 30 日，参加试航小结会议。

10 月 30 日，远望 2 号船下水。

1977 年

2 月 9 日，参加市委、市革委会召开的先进生产者、先进工作者及各条战线代表座谈会。

2 月 23 日，七〇八所与江南造船厂召开会议，商定结束“三结合”设计组工作。七〇八所人员回所后，设驻厂工作组。

1977—1982 年，被选为上海市第七届人民代表大会代表，任小组副组长。

3 月 15 日，荣获七〇八所和七院“科学技术先进工作者”称号，被授予奖状。

3 月 22 日，与蔡体芬一起审定远洋打捞救生船施工设计的“船舶系统专业性试验大纲”。

6 月 22 日，参加上海市 1978—1985 年重点规划（拟提交给造船规划组的方案）会议。

7 月，“六四”工作组改建为七〇八所六室，专项进行七一八工程主测量船研究设计。

8 月 4 日，参加六机部七一八辅船修改座谈会。

8 月 6 日，讨论海洋局对调查船提出修改要求的意见。

8 月 7 日—8 日，参加讨论进度问题及供图计划。

9 月 14 日，听取八、六室汇报主测量船动力系统存在的主要的问题。

9 月 15 日，审定打捞救生船施工设计的“典型横剖面图”。

9 月 17 日，审定调查船施工设计的“全船及船体部分说明书”。

9 月 22 日，中共中央政治局委员许世友由彭冲和韩哲一陪同来江南造船厂检查工作。听取了七一八工程几型船建造工作的汇报，并视察了远洋打捞救生船。

12 月，荣获“上海市先进科技工作者”称号。

1978 年

1 月 9 日，主持召开科技委第一次会议，讨论科技委工作条例。

3 月 13 日，被六机部七院任命为七〇八所副总工程师兼科技处负责人之一。

5 月 18 日，参加主测量船质量复查。

5 月 30 日，参加辅船质量复查。

7 月 3—5 日，参加主测量船质量复查，对舵、空船稳性等进行了专题审查。

7 月 10 日，参加调查船质量安全复查，打捞救生船质量复查。研究解决防火、消防问题。

7 月 20 日，到船检局请教关于煤油舱问题。

8 月 1 日，研究车叶质量问题。

8 月 8 日，向国家科委刘华清主任汇报主测量船存在的问题。

8 月 16 日，参加上海市造船规划会议。

8 月 24 日，去虹桥机场了解“七一八”船载直升机的油罐和航空煤油问题。

9 月 11 日，“七一八”主测量船质量会议。

9 月 18 日，东风轮荣获全国科学大会奖。许学彦荣获全国科学大会“科学技术先进工作者”奖状和奖品。

10 月 11 日，调查船、打捞救生船码头试验。

11 月 17—21 日，参加远望号船试验试航领导小组在无锡召开的会议，会上七〇八所汇报了设计情况，江南造船厂汇报了建造情况、试航方案，并进行讨论协商。

许学彦获“上海市先进科技工作者”奖状。

12 月 15 日，参加六机部规划座谈会。

12 月 25 日，远望 1 号第一次试航。

12 月 31 日，远望 2 号第一次试航。

许学彦荣获 1978 年度国防科技先进工作者称号。

1979 年

1 月 8 日，参加 22500 吨船方案讨论。

1 月 11 日，参加造船局召开 22500 吨船会议。

1 月 17 日，参加八二室召开 1500 吨船方案审查会。

1 月 22 日，参加七一八试航领导小组会议，孟副参谋长主持会议

2 月 6 日，参加 17500 吨船会议。

2 月 28 日—4 月 30 日，七〇八所发出关于七一八工程四型船的设计工作情况系列报告共十五份。

3 月 3 日，参加主测量船（远望 1 号）试航。

任上海市革命委员会委员、当选为中共上海市党员代表大会代表。

4 月 2 日，主测量船（远望 1 号）试航结束。

4 月 4 日，参加上海国防工办召开的七一八工程会议。

4 月 9 日，研究调查船和打捞救生船存在问题及解决措施。

5 月 10 日，六机部科学咨询委员会成立，任委员。

7 月 11 日，第二艘远洋打捞救生船下水。

8 月 27 日，第三艘远洋打捞救生船下水。

11 月，六机部七院干部人事处批准他晋升为技术五级。任六机部七院高级工程师考评委员会委员。

许学彦获“七〇八所先进科技工作者”称号。

担任 17500 吨多用途货船“海建”号技术主管，协调解决技术关键问题。

11 月底　远洋救生船交船。

12 月 15 日，国防科委发出在远望号船上安装海事卫星通讯设备的通知。远望 1 号、远望 2 号船及向阳红 10 号船加装海事卫星。向阳红 10 号由美国加装。其他由七〇八所设计，江南造船厂加装。

17500 吨多用途货船系香港船东在内地订购的第一条船，也为七〇八所对外开放走向国际市场奠定了基础。该船由七〇八所设计、中华造船厂建造。

12 月，许学彦荣获“1979 年度国防科技先进工作者”称号。

1980 年

继续担任七一八工程主、辅船技术抓总，解决建造与试验试航中的主要技术问题。

1 月 31 日，第二艘远洋打捞救生船交船。

2 月 24 日，国防科委召开会议，总结远望 1 号、远望 2 号船试验情况，为执行“580”任务做准备。

4 月，许学彦获“上海市 1979 年度劳动模范”称号。

4 月 27 日，18 艘舰船分三个梯队，由舟山朱家尖锚地起航参加我国首次远程运载火箭试验。

5 月 12 日，连续航行 9000 海里后，首次跨越赤道，到达南太平洋试验海域。

5 月 18 日，我国第一枚远程运载火箭发射，飞临太平洋上空，远洋测量船和远洋调查船、远洋打捞救生船圆满地完成所赋予的任务。至此，中国继美、苏、法之后成为世界上第四个能够自主建造航天测量船的国家，实现了我国航天测量从陆地到海洋的跨越。

7 月 16 日，因 17500 吨多用途货船在建造过程中出现一些结构局部变形等问题，船东香港海洋船务公司提出“退船”要求。

7 月 17 日，六机部领导指示，由上海造船工业局须仁福副局长负责抓总协调，七〇八所会同中华造船厂进行全面复查质量，由许学彦技术抓总。

8 月 18 日，参加由上海造船工业局在中华厂沪南分厂主持召开的 17500 吨多用途船结构问题专题现场讨论会。参加这次会议的有中华厂、上海交大、七〇八所、六一一所及上海、沪东、江南造船厂等单位的专家、技术人员和工人师傅。现场观察分析上层建筑结构产生皱褶变形的原因，并提出了补强措施建议。

8 月 26 日，许学彦被晋升为技术 5 级。

9 月 26 日，参加上海造船工业局主持的在中华厂沪南分厂召开的 17500 吨出口船协调会。经会议讨论，决定了修改项目、修改方案和发图进度。

10 月 15 日，经六机部第七研究院批准许学彦被套改为高级工程师。

任六机部七院科学技术委员会委员兼分组副组长。

任中国造船工程学会船舶设计专业委员会主任委员。

任上海造船工程学会学术工作委员会船舶设计学组组长。

荣获“国务院国防工业系统科技先进工作者”称号。

1981 年

1 月 6 日，出席七〇八所科研规划编制工作会议。

1 月 9 日，主持上海造船学会船舶设计学组学术交流会。

3 月 13 日，参加 17500 吨出口船修改项目讨论会。

3 月 19 日，参加七〇八所质量工作会议。

7 月 4 日，出席上海造船学会船舶设计学组会议，会议决定，上海造船学会船舶设计学组与中国造船学会船舶设计技术学术委员会运输船学组联合召开一次出口船学术会议。

7 月 20 日，六机部任命许学彦、练淦为七〇八所副所长，许学彦兼任副总工程师。

任第一届“出口船舶设计参考资料”编委会主任委员。为适应设计、建造出口船任务的需要，六机部批准由七〇八所归口编辑出版“出口船设计参考资料”，至 1991 年共出版 11 辑，约 205 万字。

任中国船舶工业总公司七院学位委员会委员。

任全国海洋船标准化委员会军辅船标准分委员会主任。

荣获国务院国防工办颁发的“科技先进工作者”奖状及奖品。

9 月 7 日，参加七〇八所质量走访组，去大连造船厂检查 27000 吨散装货船设计图纸质量。

12 月，17500 吨多用途货船设计达到当时国际水平，设计组荣获“上海市 1981 年度先进集体”光荣称号。

1982 年

1982—1987 年，被选为上海市第八届人民代表大会代表。

4 月 5 日，出席六机部召开的出口船经验交流会。

4 月 20 日—5 月 10 日，赴英国伦敦参加“第一届国际船舶及海洋工程设计会议”，并参观访问了多家工厂、研究所与学校。

5 月 4 日，国务院为进行工业部改革试点，成立中国船舶工业总公司，由第六机械工业部所属单位和交通部的部分企事业单位组成。第七研究院及所属各所，均划归其领导。七〇八所更名为“中国船舶工业总公司第七研究院第七〇八研究所”。

5 月 20 日，第三艘远洋打捞救生船交船。

6 月 15 日，参加七〇八所质量走访组，去江南造船厂征求对 27000 吨散货船设计图纸的意见。

7 月 25 日，参加七〇八所质量走访组，去广州地区各船厂，征求对七〇八所设计图纸的意见。

9月，参加在在扬州召开的中国造船学会“首届节能学术会议”。

11月15日，参加七〇八所计算机自编程序评审会。

11月17日，参加700箱集装箱船设计质量复查总结会。

1983年

1月14日，出席七〇八所出口船例会。

2月9日，出席七〇八所生产计划会议。

6月9日，出席七〇八所质量检查会议，讨论质量考核办法。

6月，中国船舶工业总公司“民船船型开发指导组”成立，许学彦任组长。该组宗旨是指导船舶工业各部门做好船型开发工作，提升我国在国际船舶市场上的竞争力。

11月，赴美国加州圣地亚哥洽谈小型护卫艇合作生产事宜。

12月26日，被任命为中国船舶工业总公司七院七〇八所总工程师，免去副所长职务。

1984年

1月，参加在上海召开的“民船发展规划纲要”讨论会，对制定中船总公司“六五”、“七五”民船规划起到了参谋与咨询作用。

1月11日，参加中船总公司民船规划审查会。

3月，在中国造船工程学会船舶设计学术委员会年会上发表“国内外船舶设计的现状与发展动向”一文。

任中船总公司七院七〇八研究所技术职称评审委员会主任。

5月17日，参加上海造船学会船舶设计学组会议，任组长。

7月10日，参加民船指导组会议。

7月15日，出席中船总公司召开的科技工作会议。

7月25日，参加七〇八所27000吨散货船定型讨论会。

8月24日，参加七〇八所产品设计技术责任制讨论会。

9月5日，出席七院召开的“气翼艇”座谈会。

9 月 21 日，在中国造船学会船舶设计委员会高速艇学组成立大会上致开幕词；参加中国造船学会船舶设计学术委员会工作会议。

12 月 2—23 日，随中国造船学会代表团赴日本与日本造船学会进行学术交流，参观考察一些研究所、造船学会及造船厂等的新船型新技术。

任中国造船学会第三届会员代表大会代表、理事。

1985 年

1 月 21 日，出席中船总公司科技部召开的新船型评审会。

2 月 2 日，参加中船总公司召开民品科研计划会议。

3 月 13 日，参加中船总公司“民船船型开发指导组”在上海召开的民用船型开发交流汇报会，会上发布了 80 余型新开发船型。出版了“民用开发船型汇编”和“国外干货船标准船型选集”、“中船总公司民船船型发展规划背景资料汇编”

4 月 6 日，七〇八所召开大会，表彰七一八工程主、辅船赴南极胜利归来，许学彦代表发言。

5 月 8—16 日，参加在广州召开的民船指导组会议。

11 月，任中国船舶研究院科学技术委员会特邀委员。

受中船总公司委托，主持了国家经委重大攻关项目“远洋船和出口船设备国产化咨询论证”工作。

荣获国家科技进步奖评审委员会颁发的“国家科技进步特等奖”奖章及证书。

远望号综合测量船获国家科技进步特等奖；向阳红 10 号远洋调查船获国家科技进步特等奖；远洋打捞救生船获国家科技进步一等奖。

1986 年

1 月 13 日，参加中船总公司 2000 年规划决策会。

1 月 20 日，与浙江省航运公司宁波分公司签订了合作开发 500 吨风帆船的意向书。

4 月 25 日，出席上海市人大科技专题讨论会。

4 月 26 日，被七院任命为七〇八所技术顾问兼科技委主任，免去总工程师职务。

参加在北京中南海怀仁堂召开的电子、船舶行业专家与赵紫阳、李鹏等中央领导的座谈会。

任上海造船工程学会学术委员会副主任。

5 月 15 日，全国科技成果授奖大会在北京召开，许学彦作为七〇八所获奖代表出席大会。

6 月 20 日，参加讨论军辅船 1986—1990 年规划。

6 月 30 日，讨论 400 客总工会旅游船。

11 月，任中船总公司高级专业技术职务评审委员会委员。

担任中船总公司组织的“2000 年科技经济和社会发展规划选题的可行性论证报告”编制工作的顾问。在他指导下，七〇八所主编的“船舶工业战略方针”等九个子项目的报告获得上级的肯定和好评。

1987 年

2 月 5 日，参加上海造船学会设计学组换届改选会议，被选为学术委员会副主任，兼设计组组长。负责联系设计、舱室、海洋工程及规范等学组。

3 月 17 日，获“上海市优秀科技工作者”称号，受党和国家领导人接见。

5 月 13 日，参加国家级科技进步奖评审委员会交通运输行业组来所评审 27000t 散货船。

7 月 18 日，参加船舶总公司在沪召开产业政策研究会议，会上确定有七〇八所编写船舶工业的产品结构与国际先进水平比较等资料。

8 月，在远望号船上接受中央电视台采访。

承担节能新船型课题——风帆助推装置的设计研究。

在他的指导下，七〇八所组织编辑出版了“液化气体船文集”。

8 月，以许学彦为总设计师的远望 1 号和远望 2 号两船经中修改造后出海试航各项指标均达到任务书要求。

11 月 15 日，主持在珠海召开的高性能船会议。

11 月 17 日，主持在珠海召开的中国造船学会学术委员会设计委员会会议。

12 月 27 日，七〇八所行政领导换届，许学彦任技术顾问。

1988 年

1 月，在上海兴国宾馆参加春节恳谈会，受到上海市党政领导亲切会见。

2 月，任中船总公司七院七〇八所技术顾问。

2 月 27 日，远望 1 号和远望 2 号船驶往南太平洋执行任务，历时 42 天，于 3 月 19 日返回江阴基地。

5 月 31 日，船舶总公司总经理胡传治来七〇八所视察工作，许学彦参加接待。

6 月，在中国造船工程学会第四次会员代表大会上，发表了“国内外船舶设计技术的若干动态”的文章。

10 月，组织并主持了在上海交通大学召开的第一届国际高性能船学术会议。

任中国造船学会第四届会员代表大会代表、理事。

11 月，任全国海洋船标准化技术委员会顾问。

1989 年

任《中国造船》编辑委员会顾问。

4 月 20 日，参加七〇八所召开的“沿海滚装船型研究成果介绍研讨会”。

1990 年

3 月 19 日，参加上海市交通局召开的杭州湾车客两用渡轮设计方案审查会。

5 月 21 日，参加七〇八所召开的“八五”国防预研课题综合论证会议。

9 月 11 日，参加船舶总公司科技局召开的“八五”高速船立项讨论会。

11 月 1 日，参加船舶总公司召开的“八五”规划会。

12 月 29 日，参加七〇八所为上报船舶总公司“八五”重大攻关项目（民船）立项会议。

1991 年

3 月 14 日，参加七〇八所召开的“船尾节能技术推广应用”座谈会。

4 月，被聘为中船总公司“第三届民船船型开发指导组”荣誉组员。

在《船舶工程》上发表了《民船的研究设计概述》一文，对船舶研究、设计、建造如何赶上世界先进国家水平，提出自己见解。

5 月 13 日，参加七〇八所召开的“七五”课题评审会，分别对“玻璃钢结构”及“垫升系统研究”等课题进行了评审。

7 月，获国务院“政府特殊津贴”。

7 月 5 日，参加船舶总公司科技局召开的 CAMIS 系统开发目标论证会。

7 月 6 日，参加七〇八所召开的计算机工作会议，研究 CAD 发展方向等事宜。

12 月，七〇八所行政领导换届，许学彦任技术顾问。

12 月 10 日，参加在北京召开的“机械工程手册”交通卷分编委会会议，讨论改编再版有关事项。

1992 年

2 月 20 日，“机械工程手册”第二版交通卷船舶篇编写组正式成立，许学彦任主编暨编写人。

5 月，在七〇八所办理退休。

8 月 19 日，讨论“机械工程手册”的修改意见。

8 月 31 日，参加七〇八所科技委召开的扩大会议，审查某地效翼船方案。

9 月 22 日，参加“机械工程手册”编审、主编会议，提出了改编的实用性、先进性、综合性等要求。

11 月 12 日，由许学彦主持的第二届“国际高性能船学术会议”在深圳蛇口召开。

1993 年

1 月，“出口船设计参考资料”获中船总公司“系列成果科技进步三等奖”。

3 月，参加船舶总公司民船船型开发指导组在上海召开的“化学品船技术研讨会”。

4 月 19 日、6 月 4 日、9 月 11 日，参加“机械工程手册”交通卷船舶篇评审会。

4 月 28 日，七〇八所与江南造船厂签订远望 3 号船施工合同，许学彦参加。

8 月 20 日，参加七〇八所中层干部会议，部署所办公地点搬迁等事宜。

10 月 19 日，当选为中国科学院（技术科学部）学部委员。按国家规定中国科学院学部委员终身不退休而复职。

1994 年

5 月，与夫人同去美国探亲，在美居留一年。

5 月 3 日，参加七〇八所召开的科技工作会议，研究如何进一步加强科技管理等问题。

10 月 27 日，荣获中共上海市科学技术工作委员会“我最佩服的共产党员”称号。

1995 年

1 月 12 日，获“何梁何利基金 1994 年度科学与技术进步奖”。

4 月，被评为“1993—1994 年度长宁区五好家庭”。

1996 年

2 月 8 日，参加上海市委市府领导会见“95 上海市科技先进工作者”。

5 月，被中船总公司人事教育局批准为研究员。

11 月，中船总公司七院院技（1996）1105 号文通知：“经审查，同意许学彦同志为学科（专业）带头人”。

1997 年

5 月，被评为“1996 年度长宁区五好文明家庭”。

9 月在上海瞿溪路求是小学向社区内中、小学生讲述船舶科普知识。

积极参加社区教育活动，接待多批来七〇八所参观的大、中、小学生。

10 月 24 日，参加讨论《七〇八所孵化科技体制改革纲要》。

2000 年

4 月 19—23 日，在上海国际会议中心主持由船舶设计委员会主办、七〇八所协办的“第三届国际高性能船舶学术会议”。

11 月 28 日，参加七〇八所在上海图书馆会议厅举办的“庆祝七〇八所建所 50 周年大会”。

2002 年

7 月，受聘为中国造船工程学会荣誉理事（终身）。

2004 年

5 月 9 日，七〇八所为许学彦庆祝 80 寿诞。

9 月 27 日，参加七〇八所迎国庆 55 周年文艺汇演。

10 月 28 日参加集团公司船舶及海洋工程研发中心成立大会。

2005 年

4 月 1 日，参加七〇八所所史编委会第一次会议，许学彦任编委会副主任。

10 月 17 日，神舟六号载人飞船成功发射，远望系列测量船再建新功。

11 月 19 日，参加七〇八所召开的“保持共产党员先进性教育活动”总结大会。

11 月 25 日，参加七〇八所为纪念建所 55 周年编写的《辉煌航程》一书的首发式。

2006 年

任《中国舰船研究》特邀编委。

1 月 20 日，参加七〇八所召开的 2005 年度表彰暨新春团拜会。

3 月 23 日，经国防科工委、交通部、中国船舶工业集团公司等 14 家单位共同评选，我所有 5 艘船分别被授予“中国十大名船”光荣称号，许学彦任总设计师的东风号万吨级远洋货船名列前茅。

8 月 1 日，参加七〇八所人教处主持召开的“2006 届秋季高校毕业生迎新会”。

2007 年

2 月 12 日，上海科学院刘旭副院长来所探望许学彦院士。

3 月 9 日，参加七〇八所所史编委会扩大会议。

4 月 13 日，参加七〇八所所史编委会第二次会议。

7 月3 日，参加七〇八所“庆祝建党八十六周年大会暨艺术节开幕式”。

2008 年

6 月 20 日，参加七〇八所召开的民船工作研讨会。

6 月 25 日，参加中国科学院第十四次院士大会技术科学部会议。

7 月 11 日，参加七〇八所召开的海洋工程工作座谈会。

7 月 23 日，参加七〇八所召开的民船人才工作座谈会。

7 月30 日，参加七〇八所与海军驻上海地区舰艇设计研究军事代表室、总装备部装甲兵驻上海地区军事代表室联合召开的“庆祝建军 81 周年军民共建联谊会”。

2009 年

6 月 9 日，中船集团党组书记李宏、总会计师孙云飞等来七〇八所慰问许学彦院士。

6 月 24 日，参加七〇八所召开的“深入学习实践科学发展观活动”总结大会。

8 月，在上海科技报组织的“新中国成立六十周年上海十大公众喜爱的科技成果”评选中，许学彦为总设计师设计的东风号万吨级货轮入选。

8 月 12 日，接受上海交通大学机动学院和船建学院的学生组成的社会实践团到七〇八所的采访，他讲述了自己不平凡的船舶设计生涯，提出发展我国船舶工业的建议，为交大学子题词“前程万里”，并与学生们合影留念。

2010 年

11 月 11 日，参加七〇八所举行为建所六十周年印刷出版的《舰船影集》和《开拓前进》纪念文集首发仪式和座谈会。

11 月 26 日，参加七〇八所在上海举办的主题为“蓝海竞帆”第一届船舶科技发展论坛。

2011 年

7 月 1 日，参加七〇八所召开的“庆祝中国共产党成立 90 周年暨《阳光征程》一书首发式大会”。

2012 年

9 月 5 日，新闻晚报记者韩磊来七〇八所访问许学彦院士，并于 11 月 5 日在新闻晚报上撰文《13 岁逃难立志造船强国防》，解析许院士的人生关键词。

2013 年

5 月 10 日，七〇八所领导祝贺许学彦院士九十华诞。

5 月 13 日，参加七〇八所召开的《海上中国梦》第一册首发式。

附录二　许学彦主要论著目录

论文、技术总结、自述

[1]许学彦. 一艘万吨级远洋货轮（东风号）的设计. 中国造船，1959.

[2]许学彦. 国内外船舶设计的现况与发展动向. 在船舶设计学术委员会年会上的报告，1984.3.

[3]许学彦. 忆七一八工程远洋打捞救生船的设计. 中国舰艇工业历史资料丛书——七一八工程远洋打捞救生船史料集，1985.

[4]许学彦. 七一八主测量船（远望号）研制技术报告，1986.

[5]许学彦. 忆 0111 护卫舰的阻力与推进. 中国舰艇工业历史资料丛书——炮艇史料集，1986.

[6]许学彦. 七一八工程主要三型船研制的经验体会. 第七研究院院庆专刊，1961—1986.

[7]许学彦. 万吨浅吃水货船风帆助航装置的研究设计. 船舶节能技术及新节能船型文集，1987.

[8]许学彦. 国外运输船舶的技术发展趋势与动态. 中国船舶工业总公司 2000 年科技、经济和社会发展规划文集，1987.

[9]许学彦. 国内外船舶设计技术的若干动态. 中国造船工程学会第四次

会员代表大会学术论文汇编，1988.
[10]许学彦. 远洋航天综合测量船的论证与设计体会. 中国舰艇工业历史资料丛书——七一八工程远望号航天测量船史料集，1988.
[11]许学彦. 回忆向阳红10号船的设计. 中国舰艇工业历史资料丛书——七一八工程向阳红10号远洋调查船史料集，1988.
[12]许学彦. 民船的研究设计概述. 船舶工程，1991（4）.
[13]许学彦. 近年来船舶设计的进展. 中国造船，1993.
[14]许学彦. 近年来我国船舶设计的变革. 江南船舶设计，1994（2）.
[15]许学彦. 院庆三十五周年有感——中国船舶工业总公司第七研究院建院三十五周年纪念专刊，1996.
[16]许学彦. 突破传统 思路常新//院士思维卷二. 合肥：安徽教育出版社，1988.
[17]许学彦. 变化多端的高性能船舶//院士展望二十一世纪. 上海：上海科学技术出版社，2000.
[18]许学彦. 展望二十一世纪的航运与造船技术. 内部资料，2003（10）.
[19]许学彦. 忆远望号早期的研究论证. 内部资料，2004
[20]许学彦. 远望号研究设计中的管理经验. 内部资料，2004.
[21]许学彦. 型号培养我成长，我为型号作贡献. 内部资料，2004.
[22]许学彦. 简述世界船舶科技发展与展望，造船工程学会内部刊物，2004.
[23]许学彦. 回忆50年代初船舶工业局的人才政策//辉煌航程——庆祝建所55周年纪念文集，2005.
[24]许学彦. 我与江南造船厂的情谊//江南造船厂140周年厂庆学术报告暨第一届创新论坛论文集，2005.
[25]许学彦. 情系船舶//科学的道路（下卷）. 上海：上海教育出版社2005.
[26]许学彦. 大步前进中的我国造船业. 会议报告，2006.
[27]许学彦，华汉金. 商船风力助推述评. 内部资料，1985.
[28]许学彦. 保持共产党员先进性教育的自我党性分析，2000—2005.

[29] 许学彦. 远望号航天综合测量船（1、2号）设计史话（第一部分）

[30] 许学彦. 21世纪的航运与造船技术 // 两院院士展望新世纪. 上海: 上海科学普及出版社，2000.

编著手册

[31] 许学彦任编委会委员.《船舶设计实用手册》(第一——第四分册)，1962—1965.

[32] 许学彦任编委会主任委员.《出口船设计参考资料有关国际及各国规则条令汇集》第一册—第十二册，1981—1991.

[33] 许学彦任主编. 机械工程手册第二版（专用机械三）第2篇——船舶，1997.

[34] 许学彦任编委会委员.《船舶设计实用手册》总体分册. 结构分册. 舾装分册. 轮机分册. 电气分册，1997—2002.

参考文献

[1]姚建民，程九度. 黄天荡之光［G］. 江苏：［出版社不详］，1999.

[2]赵统. 南京书院志［C］. 江苏：［出版者不详］，2002.

[3]王廷彦. 菁园漫笔［C］. 江苏：［出版者不详］，2002.

[4]辛亨复. 辛一心传［M］. 上海：上海交通大学出版社，2012.

[5]张毅. 海上中国梦［M］. 上海：上海文艺出版社，2013.

[6]中国舰艇工业历史资料丛书编辑部. 炮艇史料集 1950—1986［G］. 上海：［出版者不详］，1992.

[7]叶宝园. 自强之路　从江南造船厂看中国造船业百年历程［M］. 北京：中央文献出版社，2008.

[8]上海船舶工业公司. 巨变［C］. 上海：［出版者不详］，2009.

[9]百度. 东风号［EB/OL］. http：//baike.baidu.com/view/1152455.htm

[10]中国舰艇工业历史资料丛书编辑部. 七一八工程远望号航天测量船史料集 1965—1988［G］. 上海：［出版者不详］，1992.

[11]张炳炎. 向阳红 10 号船的设计回顾［D］. 中国船舶工业集团公司第七〇八研究所. 年份不详.

[12]许学彦. 向阳红 10 号船的设计回忆［D］. 中国船舶工业集团公司第七〇八研究所. 年份不详.

[13]陈佑铭回忆海军 718 工程. 飞扬军事［EB/OL］. 2012-07-15，http：//

www.fyjs.cn/viewarticle.php?id=172219.

[14] 出口船设计参考资料编委会. 出口船设计参考资料［M］. 中国船舶工业集团公司第七〇八研究所，上海：[出版者不详]，1981.

[15] 许学彦. 民船的研究设计概述［J］. 船舶工程，1991-08（4）.

[16] 中国船舶工业总公司民船船型开发指导组. 民船设计开发通讯［M］. 中国船舶工业集团公司第七〇八研究所，上海：[出版者不详]，1997（41）.

[17] 中国船舶工业总公司民船船型开发指导组. 十年民用开发船型选集［M］中国船舶工业集团公司第七〇八研究所，上海：[出版者不详]，1985.

[18] 张毅，杨德昌. 阳光征程［M］. 上海：上海文艺出版社，2011.

[19] 李春芳. 执行“580”任务的回顾［D］. 中国船舶工业集团公司第七〇八研究所. 1992.

[20] 卢在. 回顾三结合施工设计阶段工作［D］. 中国船舶工业集团公司第七〇八研究所. 1992.

[21] 练金泉. 研制工作的点滴回顾［D］. 中国船舶工业集团公司第七〇八研究所 . 1992.

[22] 聂力. 发展国防尖端技术的一项重大决策［D］. 中国船舶工业集团公司第七〇八研究所. 1992.

[23] 方正怡，方鸿辉. 院士怎样做人与做事［M］. 上海：上海教育出版社，2011.

[24] 上海市对外文化交流协会. 院士展望二十一世纪［M］. 上海：上海科学技术出版社，2000.

[25] 王怀柱. 718 工程推动了我国航天测量技术的发展［D］. 中国船舶工业集团公司第七〇八研究所. 开拓前进，2010.

[26] 许学彦. 参加远望航天测量船论证与设计体会［D］. 中国船舶工业集团公司第七〇八研究所. 1992.

[27] 王立春. 记“远望号”航天测量船的诞生与发展［D］. 中国船舶工业集团公司第七〇八研究所. 1992.

[28] 刘文山. 远望号航天测量船防电磁干扰的探索［D］. 中国船舶工业集团公司第七〇八研究所. 1992.

[29] 陶义高. 忆导弹数据舱打捞回收方案的产生［D］. 中国船舶工业集团公司第七〇八研究所. 1992.

[30] 吕逢远. 远望号动力系统研制的回忆 [D]. 中国船舶工业集团公司第七〇八研究所. 1992.

[31] 黄开楠. 关于顺利研制七一八工程的四个基本因素的回忆 [D]. 中国船舶工业集团公司第七〇八研究所. 1992.

[32] 王存琳. 航天测量船远望号研制工作的点滴回忆 [D]. 中国船舶工业集团公司第七〇八研究所. 1992.

[33] 储保海. 远望号测量船电磁兼容性的保障工作 [D]. 中国船舶工业集团公司第七〇八研究所. 1992.

[34] 七〇八所研制远望号航天测量船的简史. 中国舰船工业历史资料丛书 [M]. 上海: [出版者不详], 1992.

[35] 郑璇. 一切为了报效祖国——船舶设计专家许学彦 [M]. 百名中国院士的青少年故事 (下). 辽宁: 辽宁少年儿童出版社, 1998.

[36] 程望. 当代中国的船舶工业 [J]. 当代中国丛书编辑部. 北京: 当代中国出版社, 1992.

[37] 杨继红, 朱大南. 自行设计制造的第一艘万吨级货轮东风号 [M]. 北京: 中国大百科全书出版社, 出版时间不详.

[38] 中国船舶工业集团公司第七〇八研究所. 所史科集 1987—1995 [M]. 上海, [出版者不详], 1996.

[39] 中国船舶工业集团公司第七〇八研究所. 所史科集 1996—2005 [M]. 上海, [出版者不详], 2006.

[40] 中国船舶工业集团公司第七〇八研究所. 所史科集 2006—2011 [M]. 上海, [出版者不详], 2012.

后记

2011年6月，中国科学院院士许学彦学术成长资料采集小组成立，并将撰写研究报告的任务交给我们，感到压力很大。许院士学术水平高，志在舰船研究设计，几十年勤奋耕耘，为推动我国舰船事业的发展作出了重要贡献。如何将他学习成长道路和设计思想总结、提炼出来是一件很艰难的事情。我们通过学习认识到，老科学家是共和国科技发展历史的活档案，他们的学术成长本身就是新中国科技发展的重要组成部分，认真做好老科学家学术成长资料的采集对于弘扬我国科技工作者求真务实、无私奉献的精神，在全社会营造爱科学、学科学、用科学的社会文化氛围，激励广大科技工作者的创新热情和活力，为实施人才强国战略、建设创新型国家，实现中华民族伟大复兴具有重要意义。

中国科学技术的发展和取得的成绩与许院士等老科学家的奉献精神、勇攀高峰的创新精神紧密相连，他们的经验值得总结，他们的精神值得弘扬，他们的专业技术更亟待传承与发扬。通过老科学家学术成长资料采集工程，不仅能把老科学家学术成长历史重要资料抢救、保存下来，更重要的是颂扬老科学家爱国敬业、艰苦创业、开拓进取、勇攀科技高峰的精神，激励年轻科技工作者不畏艰难，勇往直前。

通过整理他们的学术成长资料，我们梳理了新中国成立以来我国船舶工业的历史变迁与发展，使命与责任给予我们做好这项工作信心与动力。

思想认识上的提高，为老科学家采集工程的完成奠定了思想基础。为不辜负领导的信任，我们全力以赴，迎难而上，认真研读院士档案材料、访谈录音整理、收集消化许学彦院士学术成长有关素材，并查阅大量有关文献资料、舰船设计方面网站等，从中获取了许多宝贵资料，对我们理清撰写研究报告思路提供了帮助。由于在职同志业务工作忙，很难抽出更多时间和精力参加此项工作，采集小组几位退休老同志发挥了重要作用。

在许学彦院士学术成长资料采集过程中，许学彦院士与其夫人邵廷惠及女儿与我们密切配合，提供很多有价值的资料和照片，撰写了父女情深的书面访谈素材。

在研究报告撰写完成后，许学彦院士曾先后五次阅看，每次都作了认真修改。最后定稿时，由于年高视力不佳，都是夫人边读给他听边修改的，夫妇二人对此项工作的认真和执着使我们深受感动。

此外还得到了中国科学技术学会及有关领导专家的精心指导和帮助、中国船舶工业集团公司第七〇八研究所所长邢文华、党委书记高康热情鼓励支持采集小组工作，人力资源部主任管伟元具体组织了这项工作，使得采集小组各项采集工作及研究报告撰写顺利进行。

本传记能按中国科协老科学家学术采集工程项目办公室要求按时完成，是众多人积极参与共同努力的结果。

在研究报告撰写中，我们查阅、参考了大量的文献资料、网站、专著及报刊中的文字资料，加之许学彦的同学、同事、友人等相关人员积极配合访谈，进一步丰富了撰写素材，在此对原文作者、刊物及网站编辑表示感谢，对支持参与许学彦学术成长资料采集工作的有关部门和人员表示衷心感谢。由于我们的水平有限，对采集资料的把握和处理上可能不够准确，也可能有误，敬请谅解并批评指正。

编　者

2013 年 10 月 10 日